高等职业教育公共基础选修课程教材

国学经典选读

李清彬　主编

天津大学出版社
TIANJIN UNIVERSITY PRESS

图书在版编目（CIP）数据

国学经典选读 / 李清彬主编. -- 天津 : 天津大学出版社，2024. 11. --（高等职业教育公共基础选修课程教材）. -- ISBN 978-7-5618-7861-3

Ⅰ. Z126

中国国家版本馆CIP数据核字第2025DP0818号

出版发行 天津大学出版社
地　　址 天津市卫津路92号天津大学内（邮编：300072）
电　　话 发行部：022-27403647
网　　址 www.tjupress.com.cn
印　　刷 廊坊市瑞德印刷有限公司
经　　销 全国各地新华书店
开　　本 787mm×1092mm　1/16
印　　张 10.75
字　　数 205千
版　　次 2024年11月第1版
印　　次 2024年11月第1次
定　　价 36.00元

前　言

中华文化，源远流长，博大精深。国学作为中华文化的精髓与灵魂，承载着千年的智慧。本教材旨在引导学生走进国学的殿堂，领略古代经典的魅力，传承中华优秀传统文化，培养具备高尚品德、深厚文化底蕴和广阔视野的新时代青年。

国学不仅是一门学科，更是一种精神追求和文化自觉。通过学习国学，我们可以深入了解中华民族的历史、哲学、文学、艺术等各个领域，感受古人的智慧和情怀，培养对中华文化的认同感和自豪感。同时，国学教育也有助于提升学生的品德修养、思维能力和人文素养，为其全面发展奠定坚实的基础。

本教材注重经典的选择与解读，精选了古诗文名句和国学经典篇章，引入众多充满意趣的名人故事，通过深入浅出的方式，引导学生领略古代经典的智慧与魅力。同时，本教材也注重理论与实际相结合，引导学生将国学中的智慧应用于实际生活中，培养其独立思考和解决问题的能力。

在学习过程中，我们鼓励学生积极参与、主动思考，与古圣先贤对话，感受其思想的深邃与博大。同时，我们也倡导学生将国学中的智慧与现代社会生活相结合，用传统文化的精髓指导现代生活，实现文化的传承与创新。

最后，希望本教材能够成为学生学习国学的良师益友，引领他们走向中华传统文化的殿堂，感受其博大精深，为中华民族伟大复兴贡献自己的力量。

本书由天津城市建设管理职业技术学院党委书记李清彬主持编写，天津城市建设管理职业技术学院教师李维、张捷、冷珊珊、陈欢、韩颖、刘国松、任博、沙小森参与编写。

本书编写组

2024 年 3 月

目　录

第一章
认识国学 001

第一节　国学的基本概念 002

一、国学的定义 002

二、国学的发展历程 003

三、国学与传统文化 009

第二节　国学的重要价值 015

一、国学的价值 015

二、国学在育人实践中的作用 019

三、高职院校开展国学教育的重要意义 021

第二章
新时代下国学融入高职院校育人实践的内涵 024

第一节　国学为高职院校育人奠定坚实的文化基础 025

一、强化习近平新时代中国特色社会主义教育 025

二、利用传统经典健全大学生道德人格 033

三、应对快餐文化带来的思想挑战 034

第二节　国学为高职院校育人工作提供丰富内容 036

一、“少年强则国强”蕴含的中国梦 036

二、“天下兴亡，匹夫有责”孕育的核心价值观 038

三、凿壁借光、焚膏继晷的奋发求学精神 041

四、“修学好古，实事求是”的脚踏实地精神 043

第三章
十年树木，百年树人——从古典诗词、名言看国学的育人思想 048

第一节　古典诗词蕴含的人生道理 049

一、节义 049

二、爱国 056
三、征战 063
四、荣辱毁誉 069
第二节 引经据典：古文名句蕴含的 修身理政治国思想 078
一、初心使命 078
二、治国理政 081
三、人民至上 084
四、立德修身 087
五、创新奋斗 090
第三节 思想启迪：中国古典诗词与名言的德育价值 092
一、中国古典诗词与名言德育价值的内在逻辑 092
二、中国古典诗词与名言德育价值的主要意蕴 093
三、中国古典诗词与名言德育价值的当代实现 094

第四章
国学经典著作中蕴含的价值意蕴 096
第一节 国学经典的代表作品 096
一、《论语》 096
二、《道德经》 106
第二节 国学经典著作中的意蕴 112
一、中国古代典籍中的哲学思想与精神智慧 112
二、中国古代典籍中的文学意蕴 115

第五章
从国学中的历史典故看深刻的哲学道理 123
第一节 历史镜鉴：典故中的道德伦理观照 124
一、中华民族传统美德——千年积淀的精神瑰宝 124
二、多元道德观念的碰撞与融合——思想激荡下的伦理智慧 128
三、家风家训的影响力——薪火相传的家庭教育智慧 129
第二节 智谋春秋：战略决策与哲学智慧 133
一、博弈论在历史战略中的应用——解读古人智慧的新视角 133
二、中国历史上时间与空间的权衡——时空策略在战略决策中的运用 135

三、治国理政的哲学智慧——历史长河中的策略与德行并重 137
第三节 人生启示：历史人物言行的哲学诠释 140
一、命运与选择的辩证关系——历史长河中的抉择智慧 140
二、面对逆境的韧性与勇气——历练中成长的智慧之光 141
三、内圣外王之道——修身、齐家、治国、平天下的智慧探索 143

第六章
传统国学的应用 146
第一节 大学生志气与信念的培养 146
一、大学生为什么要立志 147
二、志气的滋养 148
三、理想信念的基本含义 149
四、培养理想信念教育的途径 150
第二节 大学生家国情怀的培养 152
一、家国情怀 152
二、家与孝 153
三、家与国 154
第三节 大学生情操的陶冶与性灵的滋养 155
一、儒家：礼乐修心 156
二、道家：道合天心 157
三、培养大学生的气韵 158
第四节 大学生如何造就风骨 159
一、风骨的含义及表现 159
二、传统国学文化中的风骨 161
三、造就风骨与时代精神的融合 161

第一章 认识国学

学习目标

了解国学的基本内涵，从总体上把握国学的价值与意义。

1. 知识目标

学生应能够准确描述国学的内涵，包括其历史渊源、核心思想和主要学术领域。

熟悉“四书五经”等国学经典，了解其基本内容和哲学思想。

掌握国学从先秦到近现代的发展历程，包括重要的学派、代表人物和学术贡献。

2. 能力目标

通过学习国学，培养学生的批判性思维能力，使学生能够对国学中的各种观点进行分析和评价。

能够运用国学知识分析和解释文化现象，理解文化差异。

能够依据国学中的道德理念，形成自己的道德判断，并在生活中实践。

3. 素质目标

通过对国学的学习，增强学生对中华文化的认同感和自豪感。

吸收国学中的道德精华，提升个人的道德修养和社会责任感。

培养学生的审美情趣，提高学生对中国传统艺术的鉴赏力。

国学，作为中华民族传统文化的统称，涵盖了华夏民族自古至今在哲学、文学、历史、艺术、科学等诸多领域所创造和积累的智慧与成果。国学不仅是中华民族的文化根脉，也是东方文明的璀璨瑰宝。从思想文化角度来说，它涉及传统典籍中的经、史、子、集四大部分，涵盖了诸子百家精要，尤其是以儒家文化为核心的学术理论及其反映的思想观念和价值导向。从政治经济、物质文明角度来说，国学还涉及诸如古代天文、历法、地理、农业、建筑、政治、中医、科技、教育、军事、文学、艺术等众多领域。国学所蕴含的智慧，不仅滋养了一代又一代中华儿女，也为世界文明的发展做出了重要贡献。

国学的历史可以追溯到先秦时期，那时百家争鸣，儒、墨、道、法、兵、农、纵横等各家学说相继兴起，奠定了国学的思想文化基础。自汉代起，儒学成为国学的主流。经过宋明理学的发展，国学在学术思想方面，逐渐形成了完整的体系。清代以来，随着西学的传入和近代教育的兴起，国学又经历了从传统向现代的转型，但仍保持其独特的魅力和价值。

在当今世界，国学不仅是中国传统文化的代表，更是连接过去与未来的桥梁。它对于培养民族认同感、弘扬中华优秀传统文化、促进世界文化多样性发展等方面具有重要意义。通过学习国学，我们不仅可以深入了解中华民族的历史与文化，还能够从中汲取智慧，为现代社会的发展提供有益的借鉴和启示。

本章旨在为读者打下理解国学的基础。通过介绍国学的定义、发展历程等内容，为读者打开通往国学的大门，并且为后续章节的学习奠定基础。学习国学既需要耐心和毅力，也需要正确的方法和态度。首先，要坚持以批判继承的态度对待国学，既要继承其精华，也要摒弃其糟粕。其次，要注重理论与实践相结合，将国学的智慧应用到实际生活中去。最后，要保持开放的心态，不断吸收新的知识和观点，以丰富和深化对国学的理解。

第一节　国学的基本概念

一、国学的定义

国学这一概念，简而言之，“国”指中国，主要指近代以前的中国；“学”指学问、学术乃至文化。国学的精华是指以中国古代传统文化为基础，以儒家经典为核心，包括经、史、子、集在内的学术和学问，是中华民族几千年文化的积淀和智慧的结晶。

国学这个词，实际上已经存在几千年了，原指国家学府，如古代的太学、国子监等。《周礼·春官·乐师》中提到：“乐师，掌国学之政，以教国子小舞。”孙诒让在《周礼正义》中解释：“国学者，在国城中王宫左之小学也。”也就是说，在周代“国学”仅指国家所办的一种“贵族子弟学校”。现在我们常用的国学的核心概念是指传统的学问和学术，这一概念产生于清末西学东渐、文化转型的历史时期，相对于“西学”而称“中学”，后改称国学，这样就完成了由“国家设立的学校”向“我国固有的文化、学术”意义的转变。

严格来说，到目前为止，学术界还没有对国学给出统一明确的定义。众说纷纭，莫衷一是。现在所说的“国学”一般有狭义、广义之分。

狭义的国学，专指中国传统的思想文化（精神文明、意识形态、政治文明等），诸如历史、哲学、伦理、宗教、语言文字、文学、艺术、政治、经济、法律等，具体指以文字为载体的文献及其思想观念体系。

广义的国学，是与中国传统文化等同的概念。文化包括物质文明、制度文明、精神文明三个方面，这三个方面加起来构成了广义国学的内涵。国学可以说是一门无所不包的学问，近乎成为中国传统文化的代名词。

国学是中华文明的瑰宝，它承载着中华民族的历史记忆、哲学智慧、道德理念和艺术创造力。在全球化的今天，国学的传承与发展不仅对维护文化多样性具有重要意义，也为现代社会提供了丰富的思想资源和价值指引。通过对国学的深入研究和现代诠释，我们可以更好地理解中国文化的精髓，促进文化的创新与发展，同时也为全球文化交流与对话作出贡献。

二、国学的发展历程

国学的核心内容是中国传统文化中的学术，其发展历程悠久而丰富，是中华文明的重要组成部分。

（一）先秦时期

先秦时期是国学的源头。在这一时期，诸子百家争鸣，形成了丰富的哲学思想和道德观念。儒家以孔子为代表，提倡仁、义、礼、智、信等道德规范；道家以老子、庄子为核心，主张顺应自然、无为而治。《周易》《诗经》《尚书》《礼记》等经典著作的编纂，为后世的文学创作和学术研究奠定了基础。

1. 哲学思想的萌芽

先秦时期，诸子百家的兴起标志着中国哲学思想的初步形成。儒家、道家、墨家、法家等学派的哲学思想，为后世国学的发展奠定了深厚的理论基础。

（1）儒家思想。孔子作为儒家学派的创始人，提倡“仁、义、礼、智、信”的道德观念，其思想被整理成《论语》等经典著作，对后世产生了深远的影响。孟子继承并发展了孔子的思想，强调“性善论”和“仁政”，其著作《孟子》是儒家经典之一。

（2）道家思想。老子的《道德经》是道家思想的重要著作，主张“道法自然”和“无为而治”。庄子则进一步发展了道家思想，其代表作《庄子》以独特的文学风格和深邃的哲学思考，对后世文学与哲学产生了重要影响。

（3）墨家思想。墨子提出的“兼爱”“非攻”等思想，强调普遍的爱与反对无谓的战争，其学派在战国时期具有重要的地位，代表作品为《墨子》。

（4）法家思想。法家的代表作为《商君书》《韩非子》，主张“君臣上下贵贱皆从法”，提倡严刑峻法，反对礼义说教，强调势、术、法并举，循名责实，奖励耕战。法家推动了战国时代各国的变法运动，尤其对于秦兼并天下，发挥了重要作用。

2. 经典文献的编纂与传承

《诗经》《尚书》《礼记》《周易》等经典文献的编纂，保存了大量的古代文化资料，为后世国学研究提供了依据。

（1）《诗经》。作为中国最早的诗歌总集，《诗经》收录了西周初年至春秋中期的诗歌，反映了当时的社会生活与情感表达。

（2）《尚书》。又称《书经》，是中国现存最早的史书之一，记录了上古至周初的重要历史事件与政治理念。

（3）《礼记》。为儒家经典之一，详细记载了先秦时期的礼仪制度与道德规范。

（4）《周易》。是中国古代的哲学著作，其易经卦象与阐释，对后世哲学、文化、宗教等领域产生了广泛影响。

3. 史学与文学的初步发展

史学与文学在先秦时期亦有显著成就，为国学中的史学与文学研究奠定了基础。

（1）史学。《春秋》是孔子修订的一部编年体史书，以微言大义的方式，记录了春秋时代的历史。

（2）文学。除《诗经》外，先秦文学还包括了多种文学形式，如诸子散文、寓言故事等，这些文学作品展现了先秦时期的文化风貌与思想深度。

先秦时期，国学的发展经历了从哲学思想的萌芽到经典文献的编纂，再到史学与文学的初步发展的过程。这一时期的学术成就，不仅为后世的国学研究提供了丰富的素材，也确立了中国文化的基本价值观念与思想体系。先秦时期的国学是中国传统文化的精髓，对中华民族的文化认同和价值观念产生了深远的影响。

（二）两汉时期

到了两汉时期，随着文史学术的发展，对于“国学”概念的阐释也变得更加具体。儒学有三：一曰《诗》，二曰《书》，三曰《礼》。孔子删《诗》《书》而有《春秋》。孔子曰："不学礼，无以立。"故君子必学焉。学焉，然后能自反也；知所反，则能自止也。知所止，则可以为君子矣。君子之于学也，藏焉修焉，息焉游焉。夫然，故生而不有，为而不恃，长而不宰。是故古之王者不居其世，故能事博而德厚也。是以其教人也以正，故谓之文；其教人也以化，故谓之德；德者得也，失者失也。失得之节也。

从这段文字可以看出，"国学"主要指中国古代的文化或知识体系。在这一时期，"国学"被认为是一种人文知识，或人之智慧。因此，"国学"被视为中国古代文化的一部分，是传统文化的核心部分。

汉代是继秦以后的又一个大一统时代，其经济、社会、文化等方面都有了长足的发展。汉代统治者很重视文化建设，在制度上为"国学"发展创造了条件。西汉时期，统治者把"国学"视为国家的文化核心，将其置于国家的首要地位。汉高祖刘邦在建立西汉政权之后，推行了一系列恢复"国学"的措施。汉武帝刘彻即位后，更是对儒学给予了大力扶持。他接受了董仲舒"罢黜百家，独尊儒术"的建议，下令恢复"国学"地位。这一时期的"国学"研究的内容主要是儒家经典，包括《诗经》《尚书》《春秋》《易经》《礼记》《春秋公羊传》等。西汉设立了太学，将儒家经典作为学生入学的必修科目。太学广招天下贤士，为统治者培养了一批又一批治国之才。同时，统治者要求设立五经博士等专门传授和研究儒学的官职，这些政治举措也为国学文化的发展提供了良好的社会环境。

（三）魏晋南北朝时期

魏晋南北朝时期，玄学、佛学的兴起对于中国传统哲学思想的发展产生了很大的影响。

1. 经学的转型与发展

魏晋时期，经学逐渐从两汉时期的正统经学中解脱出来，形成了具有时代特色的新经学——玄学。玄学指的是魏晋时期以老庄思想为主的一种哲学思潮。学者们开始重视个人才智的发挥，对经典进行新的诠释，出现了王弼、何晏等以《老子》《庄子》《周易》为主要研究内容的玄学流派。王弼是魏晋时期的哲学家，他对老庄哲学进行了系统研究，提出了著名的"王弼式"无政府主义观点。他认为世界上一切事物都有其存在的道理，可以自由地发展。因此，他反对将仁义礼智形式化，提出了"自然无为"和"无为而治"的思想。

2. 文学的繁荣与创新

建安文学兴起。以曹操、曹丕、曹植等人为代表的“三曹”以及建安七子，其文学作品具有鲜明的个性和时代特色，形成了“建安风骨”。正始文学中，阮籍、嵇康等人的创作，表现出对现实的不满和对理想的追求。东晋时期，陶渊明的田园诗和咏怀诗以其自然朴素的风格，成为文学史上的重要篇章。

3. 宗教思想的兴起与融合

佛教在魏晋南北朝时期得到了空前的发展，佛教经典的翻译和传播，以及佛教思想与儒道思想的交流与融合，对当时的学术和文化产生了深远的影响。同时，道教也在此时期形成了完整的宗教体系，与佛教、儒学形成了三教并立的局面。

4. 艺术与美学的发展

绘画、书法、雕塑等艺术形式在此时期也有显著的发展。佛教石窟艺术的兴盛，如敦煌、龙门等石窟的开凿，体现了宗教艺术的高度成就。书法艺术中，王羲之的行书和草书，对后世书法艺术产生了深远的影响。

魏晋南北朝时期的国学发展呈现多元开放、创新融合的特点。这一时期的学术成就，不仅丰富了中国的传统文化，也为隋唐时期国学的繁荣奠定了坚实的基础。

（四）隋唐时期

隋唐时期是中国历史上文化、学术极为繁荣的时代之一。

1. 经学与史学的兴盛

隋唐时期，统治者提倡文化统一，结束了魏晋以来南北学风分立的局面。隋朝开设了科举制度，经学、史学又是主要的考试科目；唐代则建立了完备的教育体制，中央设立“国子学、太学、四门学、书学、算学、律学”等六学，沿袭并完善隋代的科举制度，促进了儒学和经学的复兴与发展。唐太宗诏令孔颖达等修订儒学五经，编成《五经正义》，体现了经学统一的时代要求。

2. 佛教的繁荣与融合

隋唐时期，佛教在中国达到了鼎盛状态。玄奘西行取经，回国后开始大量译经，此后佛经的整理、著述与研究也日益繁盛。隋唐佛教实现了南北的统一，形成了具有中国特色的佛教宗派。同时，佛教与道教、儒学的交流与融合，成为隋唐学术的一大特色。

3. 文学艺术的多元发展

隋唐时期，文学艺术百花齐放。唐诗成为中国文学的瑰宝，出现了李白、杜甫等伟大的诗人。唐代的绘画、书法、音乐、舞蹈等艺术形式也达到了前所未有的高度，如阎立本、吴道子的绘画，颜真卿的书法等。

4. 民族交融与文化共融

隋唐时期，中原文化与边疆民族文化之间的交流非常频繁，中原文化对边疆地区产生了重要影响，同时，边疆民族文化也丰富了中原文化，形成了多元一体的文化格局。

隋唐时期的国学发展，不仅在学术上取得了巨大成就，而且在文化上展现出了多元、包容、开放的特点，对后世产生了深远的影响。

（五）两宋时期

宋代是中国历史上一个重要的文化转型时期，国学在这一时期经历了显著的发展和变化，形成了独特的文化特征和学术风格。

1. 理学的兴起与发展

宋代国学最突出的成就是理学的兴起，它代表了儒学的新阶段，并对后世产生了深远的影响。理学，也称宋学，强调理性主义和道德修养，其核心是对“天理”和“人欲”的探讨。朱熹作为理学的集大成者，其《四书章句集注》对后世科举制度和中国教育产生了巨大影响。朱熹与二程（程颐、程颢）的理学思想被称为“程朱理学”。

2. 学术与政治实践的结合

宋学的形成与庆历新政有着本质的联系，范仲淹等人将学术探索与社会实践结合起来，推动的庆历新政反映了在社会改革上表现经世致用之学的理想。王安石推行的熙宁新法也是宋学家政治实践的体现，这些实践不仅推动了学术的发展，也影响了宋代的政治和社会结构。

3. 儒学教育的演变

宋代儒学教育发生了演变。在这一时期，儒家经典的注解随着形势的发展而变化，形成了新的学术风格。儒家教育不再局限于传统的经典学习，而是开始注重理性思考和道德实践。

4. 经世理念的强化

宋代文化的经世理念在各文化领域有广泛的表现，从教育到史学，从科技到文学艺术，都强调实用和实践。宋学特别是永嘉学派的学者们，其学术思想与治学方法都明确打出“经世致用”的旗帜。

5. 文化兼容精神

宋代文化具有多元并存的兼容精神，这种精神在宋学各派的宽容并存、理学本身的兼收并蓄以及儒释道三教的和平共处中得到体现。宋代的士大夫接纳世俗文化，推动了文化的雅俗互融。

宋代国学的发展不仅在学术上形成了独特的理学体系，而且在文化上促进了多元兼容和经世理念的普及，对后世中国文化产生了深远的影响。

（六）元明时期

元明时期，中国古代哲学的发展进入了一个新的阶段，其特点是摆脱了“天命论”和“有神论”的桎梏，开始将“无神论”作为一种哲学思想和理论来探讨。特别是明代中期以后，王阳明的心学思想对后世产生了深远影响，其对儒学的改造和发展是不容忽视的。在哲学研究方面，元明时期出现了一批以朱子学说为基础的哲学家，他们重视义理，反对烦琐的章句。在对程朱理学进行发展的过程中，他们对“理”作了深入研究，并形成了“理一分殊”等重要的思想。在程朱理学的影响下，明代出现了一批对儒家思想进行系统阐发的哲学家，其中最著名的是明代大儒王阳明。王阳明是明朝心学的集大成者，他在继承朱子学说的基础上提出了“致良知”“知行合一”等重要思想。他强调人应通过自我修养来达到道德完善。在“格物致知”“知行合一”等思想指导下，他创立了心学体系，对后世产生了深远影响。

元明时期，书院作为一种重要的教育机构，得到了迅速的发展。这些书院不仅为学生提供了教育服务，也成为学者们的学术交流平台。书院教育的发展，不仅推动了国学在民间的普及，也促进了国学的深入研究。

而文学艺术方面在这一时期也取得了极大的发展。在文学方面，元曲、明小说等文学形式崭露头角，这些作品不仅反映了当时社会的风貌和文化氛围，且具有高度的艺术价值。在艺术方面，绘画、书法、陶瓷等艺术门类也取得了显著的成就，这些艺术成果不仅丰富了国学的内涵，也为后来的艺术发展提供了宝贵的借鉴。

（七）清及近代以后

清朝的统治者夜郎自大、自我封闭，屡屡错过世界科技革命浪潮和发展机遇，导致中国离开世界舞台中心，中国传统文化的影响力急剧下降。到了近代，西方思想和文化在中国广泛传播，一些知识分子认识到中国传统文化的局限性，主张“全盘西化”，提倡学习西方的科学技术。

当时很多有识之士认为，“西学”和“中学”应该并重，例如张之洞提出了著名的“中学为体，西学为用”的主张，认为这样才能达到“博通中西，为我所用”的目的。这一观点对中国近代学术的发展起到了重要的推动作用。还有一部分人对传统文化持开放态度，既不反对西学，也不赞成全盘西化，他们主张学习西方的科学和技术，并以此为目的来改造传统文化。这部分人包括当时一些著名学者和官员。他们认为西方的科学技术是可以学习的，同时中国传统文化中有许多有价值的部分值得保留。

辛亥革命以后，新文化运动兴起，对传统文化的批判成为主流。很多人认为，中国传统文化中有许多“糟粕”应该抛弃，但一些“精华”部分则应该继承。比如说，新文化运动的领导者陈独秀提出了“以俄为师”的口号，他认为中国传统文化中有许多有价值的东西值得学习，应该将它们吸收并加以改造。当时还有一些人认为，中国传统文化中有些东西是有用的，比如“民本”“中庸之道”“天人合一”思想等。

在新文化运动期间，一些著名学者把中国传统文化和西方文化进行了对比，从而得出了一些有价值的结论。例如，当时很多学者认为中国传统文化中的“天人合一”思想是一种进步的思想，它告诉人们应该尊重自然、顺应自然；而西方文化中的“主客二分”思想则是一种落后的思想，它只重视人对自然的主宰和控制，忽视了人对自然的尊重和保护。此外，还有一些学者把中国传统文化中的一些“传统美德”看作进步的、合理的、应当继承和发扬的。例如，当时很多学者都认为应该把“尊老爱幼”作为传统美德之一。这种思想影响了后来的学者，也影响了社会生活和政治生活中一些基本价值取向和行为方式。

国学的发展脉络历经多个朝代的变革与时代社会的交融互通。从先秦时期的萌芽到清末的衰落，再到现在的复兴与发展，国学始终承载着传承和发扬中华文化的使命，并不断地与时俱进、创新发展。

三、国学与传统文化

中国历史悠久，在漫长的发展过程中形成了博大精深的传统文化。但是由于历史原因，近百年来，传统文化受到了冲击和破坏。许多有识之士认识到传统文化中许多优秀的部分对于当代中国社会仍有积极作用，而其中一些糟粕则阻碍了社会的进步。在此背景下，我国曾多次强调“弘扬中华优秀传统文化”“建设中华民族共有精神家园”等重大战略思想。近年来，以北京大学、清华大学、北京师范大学等高校为代表，掀起了一股“国学热”。在这样的大背景下，我们有必要对国学与传统文化进行全面、系统地分析。

（一）国学：现代学术的前身

中国现代学术的前身是传统学术，五四运动以前主要是指经学、史学和诸子百家之学。现代意义的“国学”最早出现在清末梁启超的《论中国学术思想变迁之大势》一文中，其大意指中国学术思想的内容和方法。胡适、傅斯年、陈垣等学者都使用过“国学”这个词。后来，梁漱溟认为“国学”是指“中国固有文化之学”。

1915 年 9 月 15 日，《青年杂志》创刊，1916 年 9 月改名为《新青年》，胡适等人用“国学”来指称中国的学术思想。到了 1921 年，北京大学在北京成立，章太炎和陈独秀分别在《国学季刊》和《新青年》两个刊物中用“国学”来指称中国的学术思想。在五四运动时期，学术界流行一句话：研究中国文化，只有一个方法，就是研究中国历史。从这个意义上讲，“国学”代指了中国传统文化。

20 世纪 20 年代以后，“国学”一词在学术界逐渐消失。后来，在胡适、陈寅恪等人的倡导下，“国学”又被重新使用。20 世纪 30 年代，中国社会动荡不安。在此期间，一些著名学者提倡成立“国学研究社”。1940 年 9 月初至 12 月底，以王宠惠为会长的中国学术研究会在重庆召开第一次年会，会上通过了《国学研究会章程》和《国学研究社纲领》两个文件。1949 年中华人民共和国成立以后，随着社会主义制度的确立以及“百花齐放、百家争鸣”的方针政策的提出，学术研究迎来了一个新的高潮。在这一时期，许多学者以极大的热情投入传统文化的复兴和弘扬工作中，他们用现代科学知识来阐释和研究传统文化，使传统文化呈现出崭新的面貌。

（二）传统文化：中华文化的主体

国学是以中国古代文化为基础的学问，其主体是传统文化而非现代文化。这是因为传统文化虽然在许多方面已经不适应现代社会，但是它却是中华民族的主流和核心价值观念，构成了中华民族的精神内核和独特气质。因此，国学要继承和弘扬传统文化，而不能背离或否定传统文化。在弘扬优秀的传统文化的同时，要努力地去吸收其中有益于当代社会发展的成分。

国学与传统文化是不可分割、相辅相成的两个方面。它们都是中华民族精神家园的重要组成部分，都在为中国特色社会主义现代化建设服务。

（三）国学与传统文化：一体两面，不可分割

国学与传统文化是一体两面的，二者不可分割。国学是传统文化的精髓和核心，它体现了传统文化的价值观念、道德规范、审美情趣、思维方式和社会行为规范。

1. 文化传承的核心

国学是传统文化传承的核心。传统文化是一个民族在历史发展过程中形成的文化体系，而国学则是这一体系中的经典和精华。从《诗经》《楚辞》到《论语》《孟子》，再到《史记》《资治通鉴》，这些国学经典不仅记录了中华民族的历史，也反映了中华民族的思想、哲学和道德观念，是传统文化的集中体现。

2. 价值观念的体现

国学体现了传统文化的价值观念。传统文化中的价值观念，如天人合一、和谐共生、尊重自然等，都在国学中得到了充分的体现。例如，儒家的“仁、义、礼、智、信”五常，道家的“无为而治”和“顺应自然”，都是传统文化价值观念的具体表现。

3. 道德规范的基石

国学是传统文化道德规范的基石。传统文化中的道德规范，如忠诚、孝顺、礼仪、诚信等，都在国学经典中有所体现。这些道德规范不仅是个人行为的准则，也是社会和谐与秩序的保障。

4. 审美情趣的源泉

国学是传统文化审美情趣的源泉。中国传统文化中的诗词、书画、音乐、戏曲等艺术形式，都深受国学的影响。国学中的许多经典艺术，如李白的诗、王羲之的书法、曹雪芹的《红楼梦》，都是传统文化审美情趣的杰出代表。

5. 思维方式的塑造者

国学是传统文化思维方式的塑造者。中国传统文化中的辩证思维、整体思维、和谐思维等，都与国学有着密切的关系。国学中的许多思想，如阴阳五行、天人合一等，都体现了中国传统文化的思维方式。

6. 社会行为的指导

国学为传统文化社会行为提供了指导。传统文化中的许多社会行为规范，如尊老爱幼、男女有别、长幼有序等，都可以在国学中找到依据。这些社会行为规范，不仅是个人行为的准则，也是社会和谐的基础。

（四）中国的现代化与国学的发展

改革开放初期，中国经济社会快速发展，人民生活水平提高。但经济发展也带来了许多问题，如贫富差距加大、环境污染、道德缺失等。这些问题如果得不到妥善解决，势必影响社会的和谐稳定和经济的持续健康发展。

中国传统文化中有许多积极因素为解决这些问题提供了借鉴。在政治方面，中国传统文化强调"民为贵，社稷次之，君为轻"，这一理念对处理社会矛盾有着重要的借鉴作用。中国传统文化强调"天下为公""为政以德"，这一观念对于处理经济和政治问题有一定的借鉴意义。在经济方面，中国传统文化提倡"重义轻利"，这一点对于解决贫富差距问题、环境污染问题、道德缺失问题等都有着积极的借鉴意义。在社会方面，中国传统文化提倡"以和为贵"，这对于处理社会的各种矛盾具有借鉴意义。在治理环境方面，中国传统文化主张"天人合一""道法自然""重德轻利"，这些思想对于解决环境污染问题有一定的借鉴意义。当然，我们也应该看到传统文化中有许多糟粕的部分。比如重农抑商、封建等级制度、男尊女卑、人治思想、权力崇拜等。这些糟粕在历史上曾经长期阻碍着中国社会的发展。在新中国成立后，这些糟粕也逐渐得到了剔除和改造。

在全面建成小康社会的今天，我们应该以开放的态度吸收和借鉴传统文化，并在此基础上，对国学进行创造性转化和创新性发展。现在，许多学者已经认识到了国学与传统文化的密切关系。国学中所体现的优秀传统文化与社会主义现代化建设目标相一致，为中国特色社会主义现代化建设提供了重要的思想资源和精神动力。

（五）西方思潮与国学发展

国学的发展历程并不仅仅是一个封闭的自我演进过程，它也受到了外部文化，特别是西方思潮的影响。这种影响在不同的历史阶段呈现出不同的特点，既有冲突也有融合，共同塑造了国学的多元面貌。

1. 近代之前的隔绝与独立发展

在近代之前，由于地理、政治和文化等多方面的原因，国学与西方思潮的接触非常有限。国学在这一时期主要基于本土的哲学、历史和文化传统进行独立发展。尽管有一些外来文化的影响，如佛教的传入，但这些影响被国学吸收并融入其体系中，形成了独特的文化内涵。

2. 近代的冲击与变革

进入近代以后，随着西方列强的侵略和文化的传入，国学开始面临前所未有的冲击。一方面，西方科技与文化对国学的传统思想体系造成了冲击；另一方面，西方的学术研究方法和理念也为国学提供了新的发展思路。在这种背景下，国学经历了一系列的变革和转型，如新文化运动、五四运动等，试图在吸收西方思潮的同时保持自身的独立性。

3. 现代的融合与创新

随着全球化的推进和中西文化的交流加深，国学与西方思潮的融合与创新成为一个重要的趋势。一方面，国学开始借鉴西方的学术研究方法和理念，对自身进行更为深入和系统的研究；另一方面，国学也与西方思潮进行对话和融合，探索新的文化发展方向。这种融合与创新不仅有助于国学的现代化转型，也为全球文化的多样性贡献了中国智慧。

综上所述，西方思潮对国学发展的影响是复杂而深远的。它既带来了冲击和挑战，也提供了机遇和动力。国学在吸收和借鉴西方思潮的同时，也保持了自身的独立性和特色，形成了独特而多元的文化体系。这种多元性不仅构成了国学的魅力，也是其未来发展的潜力所在。

（六）“国学热”的背景及分析

在当代中国，随着国家综合国力的提升，民族自信心空前高涨，但是与此同时，民族文化的认同却显得相对淡薄，面对外来文化的冲击，曾一度出现文化虚无主义的现象。这就使得人们更加怀念并重视中国传统文化。

一些有识之士认识到，只有坚定对中国传统文化的自信心，才能真正继承和发扬中华优秀传统文化，才能真正建设中华民族共有精神家园。习近平总书记在四川考察时强调：“中华民族有着五千多年的文明史，我们要敬仰中华优秀传统文化，坚定文化自信。要善于从中华优秀传统文化中汲取治国理政的理念和思维。”①

当今中国正处于世界经济发展的关键时期。在全球化背景下，人类社会正处于大变革、大调整、大发展时期。当今世界正在形成一种新的文明形态，以经济为主导的现代文明与传统文明之间开始发生冲突。世界上很多国家都在调整自己的经济结构与产业结构，以适应新形势下经济发展的需要。

① 山东省习近平新时代中国特色社会主义思想研究中心：《进一步激发中华优秀传统文化的生机与活力》，见《学习中国化时代化的马克思主义立场观点方法》，人民出版社，2022，103 页。

当今世界，经济全球化趋势不可逆转，各种思想文化的交流、交融与碰撞也越来越频繁和激烈。在全球化背景下，在各种思想文化相互碰撞中，各国人民开始对不同文化持有不同态度和看法。在某种程度上，西方对中国传统文化的误解、曲解、贬低也是一种文化虚无主义的表现。

国学的兴起可以被视为一种文化自觉和文化自信的表现。在全球化的背景下，文化多样性日益凸显，各种文化之间的交流与碰撞也愈发频繁。国学热反映了中国人在全球化浪潮中，对于自身文化的深刻反思和重新认识。通过学习和传承国学，人们不仅加深了对传统文化的理解，也增强了对本国文化的自信和自豪。

国学热也与文化寻根和身份认同密切相关。随着现代化进程的加速，许多人在面对快速变化的社会时，可能会感到身份上的迷失和焦虑。国学作为中华文化的根源和传承，为人们提供了寻找身份认同感和归属感的途径。通过学习国学，人们可以更加深入地了解自己的文化根源，从而增强身份认同感和归属感。

国学的兴起反映了人们对于现代化进程的反思和批判。在现代化的过程中，中国取得了巨大的经济和社会发展成就，但也面临着许多问题和挑战。国学为人们提供了一个反思西方现代化的视角，通过学习和传承传统文化，人们可以更加深入地思考现代化进程中出现的问题，从而培养批判性思维和独立思考的能力。

国学与传统文化紧密相连，两者相辅相成。传统文化是国学的根基和源泉，为国学提供了丰富的研究对象和素材。国学则是对传统文化的深入挖掘和诠释，通过对古代文献和经典的研究，传承和发扬了中华民族的优秀传统文化。国学与传统文化的关系体现了文化的连续性和创新性，既保留了传统文化的精髓和特色，又不断吸收新的元素和理念，推动文化的发展和进步。

国学作为一门综合性学科，涵盖了中华传统文化的各个方面。它经历了多个阶段的演变和发展，与传统文化紧密相连。通过对国学的深入研究和传承，我们能够更好地理解和弘扬中华民族的优秀传统文化，推动文化的发展和进步。

第二节　国学的重要价值

在全球化的浪潮中，文化如同璀璨的星辰，而国学则是中华文化星空中最耀眼的一颗星。它不仅是历史的沉淀，更是现代青年文化自信的根基。它不仅是知识的宝库，更是智慧的灯塔，照亮我们前行的道路。

传统国学作为民族精神和民族灵魂的体现，在今天仍然具有重要意义和价值。如何认识国学的价值？我们认为，首先要在思想观念上接受传统国学所代表的精神与文化形态，进而在文化意识和行为上认同国学，最后以弘扬国学来实现我们民族复兴的伟大梦想。

一、国学的价值

（一）国学是中华民族文化的根与魂

在中华民族五千多年文明的深厚积淀中，国学是历代圣贤智慧的结晶。从《诗经》的风雅颂到《春秋》的微言大义，从《论语》的仁者爱人到《道德经》的道法自然，这些国学经典记录了中华民族的历史变迁，反映了民族的性格和精神面貌。可以说，这些文化思想与哲学道理为国学的传承发展提供了不竭的源泉与动力。

国学中蕴含着儒家的“仁、义、礼、智、信”、道家的“无为而治”、佛家的“慈悲为怀”等思想，这些宝贵的思想为人们提供了道德行为的准则。在现代社会，这些传统美德仍然具有重要的现实意义，有助于培养人们的道德情操和社会责任感。而古代圣贤的哲学思想，如孔子的“中庸之道”、孟子的“反求诸己”、孙子的“知彼知己”，不仅在当时产生了深远的影响，也对现代人的思维方式和行为选择具有指导意义。

可以说，国学是文化认同的源泉，是民族凝聚力的基石。在全球化的背景下，国学教育有助于增强国民对中华文化的认同，提升民族自豪感和文化自信心。通过学习国学，人们可以更深刻地理解中国传统文化的独特价值，增强民族凝聚力。

（二）国学是中华传统文化的精髓

国学如同一面镜子，映照出中华民族的历史轨迹；它也像一座灯塔，指引着我们前行的方向。《史记》以其宏大的叙事，让我们得以窥见古代帝王将相的治国理念和英雄豪杰的壮志豪情。而《资治通鉴》则像一部时间机器，带我们穿梭于历史的长河，领略朝代的兴衰更迭。国学是道德的基石，它所蕴含的“仁、义、礼、智、信”等儒家思想，为人们提供了行为的准则。孔子的“己所不欲，勿施于人”教导我们要以同理心对待他人；而孟子的“得道多助，失道寡助”则强调了正义的重要性。这些思想在今天依然具有强烈的现实意义，引导我们构建和谐的社会关系。

国学是思维的火花，它激发了无数智者的创新思维。《孙子兵法》中的“知彼知己，百战不殆”，不仅适用于军事战略，也为现代商业竞争提供了策略;《道德经》中的“上善若水，水善利万物而不争”，启发我们在为人处世中追求柔和与适应性。国学是情感的共鸣，它通过诗词歌赋传递了古人的情感世界。李白的“床前明月光，疑是地上霜”唤起了我们对故乡的思念；苏轼的“但愿人长久，千里共婵娟”则表达了对亲情与友情的珍视。这些诗词让我们在忙碌的现代生活中找到情感的慰藉。

国学在中国占据重要地位，对世界文明也有着重要影响。国学作为中华传统文化的核心，是中华五千年文明发展历程中所积淀下来的基本精神与文化价值理念。国学是中华传统文化中最具有生命力的组成部分，它所蕴含的价值理念和精神，是中华民族几千年来在其发展过程中所形成和积累起来的。国学不仅具有悠久历史传统和深厚文化底蕴，而且能够体现出一种与时俱进的创新精神。从这一意义上讲，国学具有非常重要的世界意义。

（三）国学是实现中华民族伟大复兴的精神动力

我们的民族曾经创造过辉煌灿烂的文明，但也经历过漫长的黑暗时期。中国的现代化伴随着西方资本主义文明而来。经过不懈的努力，中国终于开始了经济现代化，这是一个了不起的成就。然而，在思想文化上，我们还有很长一段路要走。我们目前仍然坚持“以经济建设为中心”，在文化上，努力构建现代意义上民族文化认同与价值体系。深刻反思历史，重新审视中国传统文化与西方文明，以形成更有利于当代中国人精神成长和价值提升的文化自觉和文化自信。

1. 国学是文化自信的根基

国学是文化自信的根基。一个民族的复兴，首先是文化的复兴。国学中蕴含的哲学思想、道德观念和历史智慧，是中华民族文化自信的源泉。例如，儒家的“仁爱”思想，强调人与人之间的和谐相处，这在构建社会主义和谐社会中具有重要的现实意义。通过学习和传承国学，可以增强国民的文化认同感，为民族复兴提供精神支撑。

2. 国学是启迪智慧的宝库

一个民族的复兴离不开智慧的引领。国学中的许多思想和策略，如《孙子兵法》中的军事智慧与《易经》中的哲学思考，为现代人提供了解决问题的思路。这些智慧不仅在古代有着重要的指导作用，在现代社会同样具有参考价值，能够启迪人们的思维，激发创新。

道家思想主张的“无为而治”“道法自然”等理念，则为现代社会治理提供了新的思考角度。这些国学中的智慧与思想，为中华民族伟大复兴提供了重要的思想资源和精神动力。

3. 国学是教育培养的必经之路

国学教育在培养民族精神、传承优秀文化方面发挥着不可替代的作用。通过国学教育，我们可以引导青年群体深入了解中华民族的历史与文化，培养他们的民族认同感和文化自信心。同时，国学教育还能够弘扬中华民族的优秀传统美德，如诚信、孝道、忠诚等，为中华民族伟大复兴培养一批有道德、有文化、有纪律的人才。

国学是实现中华民族伟大复兴的精神动力。通过对国学的深入研究和传承，我们可以更好地理解中华民族的历史与文化，增强民族自信心和自豪感；从国学中汲取智慧与启示，为中华民族伟大复兴提供思想资源和精神动力；通过国学教育培养一批有理想、有道德、有文化、有纪律的人才；推动国学与现代社会的融合，发挥其在现代社会治理、经济发展、文化创新等方面的作用。

（四）国学是国家治理的智慧库

当前，我国正处于全面深化改革推向纵深的关键时期，党和国家面临着许多新的重大课题，需要我们从中国传统国学中汲取思想智慧。

例如，政府决策一味依赖专家学者，而缺少对民众思想文化方面的深入研究和政策咨询；公共政策在制定和实施中存在“重物轻人”的现象，忽略了对民众利益的考量；“官本位”思想仍然存在，而缺少对官员道德伦理和操守的有效监督等等。

我们认为，国学对于解决上述问题具有助推优势。国学中蕴含着丰富的治国理政经验，这些经验不仅具有很高的智慧价值，还具有很强的操作性和可行性。

（五）国学是道德建设的指南针

一个民族的复兴需要良好的道德风尚作为社会运行的基础。国学中的“仁、义、礼、智、信”等传统美德，为现代社会提供了道德规范。在家庭生活中，我们要爱人如己，孝敬父母，尊敬兄长；在社会生活中，我们应与人为善，和谐相处，对人有礼、知礼。“仁”与“礼”的基本精神就是“仁爱”，在儒家看来，只有在爱别人的基础上才能真正地实现自我完善。儒家认为，“仁”是“以和为贵”，“仁”是一种爱的境界，一种道德境界。因此，儒家强调“以和为贵”，重视人与人之间的和谐相处。传统国学中也强调“和为贵”“和谐社会”，提倡人与人之间应该和谐相处。和谐的人际关系在今天仍然具有重要意义。要想构建和谐的人际关系，必须重视传统国学中的思想资源。

（六）国学是培养积极人生态度的源泉

中国传统文化从诞生之日起，就具有追求人生价值的内容。人作为自然生命与社会生命的统一体，必须认识并妥善处理二者之间的关系，努力实现生存目的。然而，人不可能完全摆脱自然生命与社会生命的束缚。传统文化所倡导的“天人合一”“人定胜天”等观念，旨在使人在自然生命与社会生命的统一中认识自然、认识社会、实现自我。

儒家思想所倡导的人生态度和生活方式，对于中国人来说具有重要意义。儒家认为，人之所以为人，就在于他具有超越自然生命与社会生命的道德和精神追求。因此，中国人不仅把人生价值放到“修身”（完善自我）、“齐家”（经营家庭）、“治国”（管理国家）这样的人生追求中去思考和选择，还把这种思考和选择运用到生活实践中去，在追求自我完善和实现社会理想的过程中实现人生价值。

（七）国学是面向世界与未来的重要途径

在当今世界，各种不同文化相互影响、相互渗透，在文化交流日益频繁的今天，只有深入交流，才能更好地了解各国的文化。世界是多元的，而多元的世界离不开多元文化。西塞罗曾说，只有了解其他国家和民族的文化，才能更好地了解自己。国学作为传统文化的重要组成部分，是中华民族的重要精神财富。世界上有许多国家和民族，各个国家和民族有着不同的文化传统、价值观念、思维方式和行为模式。要全面了解世界各民族文化，就必须先学习我们自己的优秀传统文化。

二、国学在育人实践中的作用

习近平总书记强调：“中国有坚定的道路自信、理论自信、制度自信，其本质是建立在5000多年文明传承基础上的文化自信。”[①]这也彰显出国学教育在育人实践中，传承中华优秀传统文化，促进高校育人实效的重要意义。国学是中华文化的根与魂，是民族精神的基石，是文明传承的载体。在世界经济全球化的时代背景下，民族文化的传承和发展更具有重要意义。在新时代背景下，充分发挥国学教育在育人实践中的作用，使国学教育扎根于社会主义核心价值观，对实现中华民族伟大复兴的中国梦具有重要意义。

（一）国学是培育社会主义核心价值观的重要抓手

党的十八大以来，以习近平同志为核心的党中央高度重视中华优秀传统文化的传承与发展。党的十九大报告指出，要坚定文化自信，推动社会主义文化繁荣兴盛。高校作为培育社会主义核心价值观的重要阵地，要担负起传承优秀传统文化、培育和践行社会主义核心价值观的重大历史责任。国学作为中国传统思想文化的精华，是中华民族智慧和思想的结晶，也是中华文明得以绵延不绝、不断发展壮大的重要力量源泉。社会主义核心价值观是对中华优秀传统文化中具有当代价值和世界意义的思想价值观念的凝练和升华，它对社会公德、职业道德、家庭美德、个人品德建设等提出了新要求。

习近平总书记指出：“要加强对中华优秀传统文化的挖掘和阐发，使中华民族最基本的文化基因同当代中国文化相适应、同现代社会相协调……”[②]当代大学生是未来社会主义事业的建设者和接班人，他们不仅需要掌握科学知识，而且需要具备良好的思想道德素质和科学人文素养。因此，在高校中加强对学生的传统文化教育，对促进学生的全面发展具有重要意义。

（二）国学是弘扬爱国主义精神的重要载体

中华民族历来有爱国爱家的优良传统，“家是最小国，国是千万家”“天下兴亡，匹夫有责”这些朴素而生动的语言蕴含着浓厚的爱国情怀。在中国传统文化中，“修身、齐家、治国、平天下”是一个人一生所追求的最高境界。修身，即道德修养，是人们为人处世的一种道德准则；齐家，即让家庭和睦，一

① 习近平：《为弘扬中华优秀传统文化、增强文化自信提供坚强支撑（2020年9月28日）》，《习近平谈治国理政（第四卷）》，外文出版社，2022，第312页。

② 习近平：《在中国文联十大、中国作协九大开幕式上的讲话》，人民出版社，2016，第15页。

家人和和美美；治国，即治理国家使其安定；平天下，即使四海升平。

一个人如果能够做到“修身、齐家、治国、平天下”，就可以称得上是一个有道德的人，一个爱国爱家的人。爱国主义是中华民族精神的核心，是中华民族生生不息的强大力量。应加强爱国主义教育，培养学生对祖国的热爱之情和强烈的民族自豪感。

国学作为一种文化形式和重要载体，有着丰富的爱国主义教育资源。《诗经》《论语》等国学经典内容包罗万象，博大精深。这些经典著作体现了中华文明发展的历史进程和思想精髓，承载了中国传统文化最本质的精神追求和价值取向，不仅是中华优秀传统文化的精华所在，而且对当今社会具有重要意义和价值。将国学经典融入教育教学的全过程，以弘扬爱国主义精神，是实现中华民族伟大复兴中国梦最重要、最关键的一环。

（三）国学是厚植爱国主义情怀的重要途径

“关关雎鸠，在河之洲。窈窕淑女，君子好逑”，展现了古人对美好生活的向往和对和谐社会的憧憬。《道德经》中“知止不殆”的思想，强调了个人修养与国家兴衰的紧密联系。在这些国学经典著作中，无不体现出浓烈的家国情怀。国学，作为中华民族传统文化的重要组成部分，蕴含着深厚的历史积淀和丰富的哲学思想。它不仅是中华民族智慧的结晶，也是培育和弘扬爱国主义情怀的重要途径。

国学中的许多历史故事和人物传记，都是爱国主义精神的生动体现。这些故事传递了忠诚、勇敢、牺牲等价值观，能够激发当代青年们的爱国情感，引导他们树立正确的历史观和民族观。在全球化的背景下，文化自信是维护国家文化安全、增强国家软实力的重要保障。通过学习国学，同学们可以更深刻地认识到中华文化的独特魅力和价值，从而增强民族自豪感和文化认同感。

（四）国学是提升学生道德修养的有效方法

国学中的道德教育内容，对于培养学生的道德观念具有重要意义。《论语》中的“吾日三省吾身”，“三人行，必有我师焉”等内容，在新时代可以成为培养学生良好道德品质的有效方法。“德不孤，必有邻”“见贤思齐焉，见不贤而内自省也”等，都对学生形成正确的道德观和价值观有着积极意义。

《孝经》关于“孝”的论述可以教导学生如何为人子女，传承中华优秀传统美德。《孝经》有云：“夫孝，德之本也。”父母对子女的爱是无私的，子女对父母要做到尊敬、孝顺。作为子女，要关心和照顾父母，即使父母有过错也要宽容对待，不能因其过失而产生怨恨。通过对《孝经》中关于“孝”的内容的学习，学生可以深刻地体会到对父母亲人应持有的真诚、孝顺、宽容和理解等良好品质。这种教育对于提升学生的道德修养、养成良好的道德行为习惯具有积极作用。

三、高职院校开展国学教育的重要意义

“锲而舍之，朽木不折；锲而不舍，金石可镂”，“勿以恶小而为之，勿以善小而不为”国学中诸如此类的积极人生哲理比比皆是。可以说，国学是一座容量巨大的宝库，而高校作为育人的主体场所，开展此类文化内容的教学对学生具有重要的价值与意义。

（一）有助于弘扬中华优秀传统文化

我国历史悠久，拥有丰富的文化遗产，这些文化遗产是中华民族五千年文明发展的结晶，其中蕴含着丰富的人文精神，是中华传统文化的精髓所在。作为中华优秀传统文化的重要组成部分，国学教育是培养学生爱国主义情操、塑造学生健全人格、提升学生人文素养的重要途径。国学教育在提高高职学生综合素质和人文素养方面具有不可替代的作用，可以有效促进学生综合素质的提高，为我国培养出更多高素质人才。而高职院校在开展国学教育时，可以通过将传统文化与现代社会发展相结合、将国学中的优秀精神融入高职学生的教育等方式，使学生更好地了解国学、领悟国学。这样一来，不仅可以为学生提供一个良好的学习环境和氛围，还能促使学生形成良好的道德品质和人文素养，增强其社会责任感和历史使命感。

国学是我国优秀传统文化的一部分，它不仅在人们日常生活中起到重要作用，同时也是我国文化发展的基石。国学的内容非常丰富，其中包括了儒、释、道等多个方面，这些内容涵盖了社会生活的各个领域，不仅能够体现我国传统文化的精髓，同时也能使人们了解到我国几千年来的发展历程。国学中所蕴含的思想价值观念和人文精神，能够对人们日常生活产生深刻影响，帮助人们更好地了解我国传统文化。此外，国学中的许多思想观念和人文精神都是现代社会所需要的。将传统文化与现代社会发展相结合，将国学中的优秀思想观念和人文精神融入现代社会发展中，促使学生在学习国学知识时能够了解传统文化在现代社会发展中所具有的作用和意义。通过国学教育让学生了解我国优秀传统文化对现代社会发展的重要性，进而促使他们能够更好地继承和发扬我

国传统文化中所蕴含的精神内涵。这样一来，可以有效激发学生的爱国热情和民族自豪感，增强民族凝聚力和向心力，促使学生在日常生活中树立正确的人生观和价值观。

（二）有助于促进高职学生综合素质的提高

目前，我国高职院校的人才培养目标，已经从过去的培养实用型人才，转变为培养高素质、高技能的专业型人才。在这种教育目标下，高职院校学生不仅要掌握一定的专业知识和技能，还要具有较强的社会能力和较高的综合素质。然而，随着时代的发展，社会对于高职院校学生的人文综合素质要求也在不断提高。这对高职学生的文化素养培育提出了新要求。在这样的背景下，高职院校开展国学教育可以在一定程度上弥补学生在知识和技能上的不足，从而促进其综合素质和能力的提高。

道德是一个人安身立命之本。因此，在高职院校开展国学教育，不仅可以让学生了解中华民族的传统美德和民族精神，而且可以让他们树立正确的人生观和价值观。比如，在讲解《论语》《孟子》等经典时，可以让学生明白做人应具备怎样的道德品质和高尚情操。同时，还可以让学生了解中国传统文化中“仁爱”“诚信”等道德准则。这些优秀传统文化是我们中华民族几千年来一直推崇并传承至今的精神财富。通过对这些传统文化知识和道德品质的学习和了解，学生不仅能够提高自身的素质和道德修养，而且能树立正确的人生观和价值观。

大学生正处于心理发展和性格形成的关键时期，他们在学习生活中会遇到很多困难和挫折。高职院校开展国学教育可以引导学生正确认识这些困难和挫折，并树立战胜困难、克服挫折的信心和勇气。同时，通过对国学知识和道德品质、心理素质等方面知识的学习与掌握，学生还可以提高克服困难、战胜挫折的能力。此外，国学教育还可以帮助学生提高心理承受能力。大学生正处于生理和心理发展的高峰时期，他们常常会遇到一些心理问题和障碍。通过对国学知识和道德品质、心理素质等方面知识，以及相关案例等内容的学习与掌握，学生可以了解心理问题的产生原因以及如何消除这些问题等。

（三）有助于提高我国素质教育整体水平

素质教育是我国教育事业发展的必然趋势，它由知识教育和能力教育组成。所谓素质教育，就是要培养学生的综合能力，使学生成为适应社会需求的综合型人才。在高职院校开展国学教育，有助于培养学生综合素质和能力。国学中的诸多内容，如儒家思想、道家思想、佛家思想等，都能促进学生道德情操的培养，同时也能提高学生的思想境界和综合素质。国学中的很多内容都是我国传统文化中的精华，这些内容不仅能够提高学生道德情操，还能促进学生文化素养的提高，帮助学生在今后的生活和学习中更好地吸收传统文化的精华。因此，国学教育对于提高我国素质教育水平具有重要意义。

第二章 新时代下国学融入高职院校育人实践的内涵

学习目标

通过学习应掌握的国学知识，提升相应的能力与素质。

1. 知识目标

掌握国学基本知识：了解国学的起源、发展及其在中国历史和文化中的地位，理解国学的基本概念、范畴和理论体系。

学习国学经典文献：通过阅读和分析国学经典文献，如《论语》《大学》《中庸》等，深入理解中国传统文化的精髓和内涵。

理解国学与现代社会的联系：探讨国学在现代社会中的应用和价值，理解国学对于个人成长、社会发展和文化传承的重要性。

2. 能力目标

培养阅读与分析能力：通过阅读国学经典文献，培养对古籍的阅读、理解和分析能力，提高文学素养和人文修养。

培养思辨与批判能力：在分析国学理论和社会现象时，能够独立思考、理性分析，提出自己的观点和看法，培养批判性思维。

培养跨文化交际能力：通过学习国学，了解不同文化背景下的价值观念、思维方式和行为习惯，提高跨文化交际能力。

3. 素质目标

塑造健全人格：通过学习国学，传承和弘扬中华优秀传统美德，如仁爱、诚信、责任感等，塑造健全的人格品质。

培养良好品德：注重个人品德修养，践行社会主义核心价值观，培养爱国、敬业、诚信、友善等良好品德。

提升人文素养：通过学习国学，了解中国传统文化、历史和艺术，提升人文素养和审美情趣，培养对美的感知和欣赏能力。

第一节　国学为高职院校育人奠定坚实的文化基础

一、强化习近平新时代中国特色社会主义教育

随着时代的变迁和社会的发展，高职院校的育人工作也面临着新的挑战和机遇。在新时代，中国特色社会主义教育是高职院校育人工作的核心任务之一。国学作为中国传统文化的重要组成部分，对于高职院校育人工作具有重要意义。本节将深入探讨在新时代下，如何通过强化国学教育，为高职院校的育人工作奠定坚实的文化基础。

中国特色社会主义，这一由中国共产党在长期实践中积累并形成的理论成果，不仅是马克思主义中国化的最新体现，更是当代中国发展与进步的根本指导思想。这一理论不仅在国内得到了广泛的认同和支持，在国际上也产生了深远的影响。中国特色社会主义教育，作为这一理论体系的重要组成部分，其重要性不言而喻。

中国特色社会主义教育的核心目标在于引导广大人民群众，特别是年轻一代，树立正确的世界观、人生观和价值观。这不仅是知识的传递，更是思想的熏陶和品格的塑造。在这一过程中，学生们将逐渐明白自己作为社会主义事业建设者和接班人的使命与责任，从而更加自觉地投身于国家繁荣富强、社会和谐稳定的伟大事业中。

高职院校作为培养专业技能人才的重要基地，更应强调中国特色社会主义教育的重要性。在这里，学生不仅要学习专业知识，还要培养坚定的理想信念和正确的价值观。这样的教育模式不仅有助于提高学生的综合素质，使其在德、智、体、美等方面得到全面发展，而且能够培养出更多符合社会主义现代化建设需要的高素质人才。

为了更好地贯彻中国特色社会主义教育，高职院校需要不断创新教育方法和手段。例如，可以通过课堂讲授、社会实践、校园文化活动等多种形式，将中国特色社会主义的理论与实践相结合，使学生在亲身体验中感受其真谛。同时，还要注重培养学生的批判性思维和创新能力，使其能够在未来的工作和生活中不断发展和完善自我。

（一）中国特色社会主义教育的价值观引领

中国特色社会主义教育的价值观引领在当今社会中显得尤为重要。作为深植于我国历史和文化传统中的教育理念，它不仅是一种教育方法，更是一种精神寄托和道德追求。其基础是中国特色社会主义核心价值观，包括富强、民主、文明、和谐，自由、平等、公正、法治，爱国、敬业、诚信、友善等，这些理念是构建中国特色社会主义的基石。

对于高职院校的学生来说，这种价值观引领具有深远的意义。他们是国家的未来，是社会的希望，他们的思想观念和价值取向将直接影响到未来社会的发展方向。因此，通过中国特色社会主义教育，我们不仅要传授知识，更要培养他们正确的世界观、人生观和价值观。我们要让他们深刻理解，只有坚定地走中国特色社会主义道路，才能实现中华民族伟大复兴的中国梦。

通过这种教育，可以引导学生树立崇高的道德观念，形成健康的人格和养成良好的行为习惯。要让学生明白，作为公民，应该承担起社会责任，为社会做出贡献。同时，也要注重培养学生的创新能力和实践能力，让他们在实践中锻炼自己，提高综合素质。

此外，还需要加强学生的爱国主义教育。要让他们深刻认识到，爱国是每个公民的基本义务，也是每个公民应具备的基本情感。只有热爱自己的祖国，才能更好地为国家服务，为人民的福祉而努力。

总之，中国特色社会主义教育的价值观引领对高职院校学生的成长具有重要作用。要始终坚持这一教育理念，引导学生树立正确的价值观和人生观，推动他们全面发展，为实现中华民族伟大复兴作出贡献。

（二）中国特色社会主义教育的思想引领

中国特色社会主义教育的思想引领在当今社会具有深远的意义。这一教育理念深植于马克思主义理论，紧密结合中国实际国情，并充分反映时代特征，致力于引导学生形成正确的思想观念和认识论。它强调的不仅仅是对知识的获取，更是对中国特色社会主义的信仰和自信的坚定。这种思想引领，对高职院校学生的思想政治建设具有至关重要的作用。

高职院校学生作为国家未来的栋梁和社会的中坚力量，他们的思想政治素质直接关系到国家的长治久安和社会的进步发展。因此，通过中国特色社会主义教育，可以引导学生牢固树立马克思主义信仰，深入理解中国特色社会主义的理论体系和实践路径，从而增强他们对中国特色社会主义的认同感和自豪感。

这种教育不仅让学生对中国特色社会主义有了更深刻的理解，同时也让他们在实践中不断增强对中国特色社会主义的理论自信和实践自信。这种自信来源于对中国特色社会主义道路的正确认识，来源于对中国特色社会主义理论的深入学习，更来源于对中国特色社会主义实践的亲身体验。

例如，可以通过组织学生参与社会实践活动，让他们亲身感受中国特色社会主义的伟大成就，从而增强他们的自豪感和自信心。同时，也可以通过课堂教学，引导学生深入学习和理解马克思主义理论，以及中国特色社会主义的理论体系，从而帮助他们形成正确的世界观、人生观和价值观。

此外，还需要重视对学生的思想政治教育。这不仅是通过课堂教学来完成的，更需要在日常生活中通过言传身教、以身作则，为学生树立良好的道德榜样。要教育他们始终保持对马克思主义的坚定信仰、对中国特色社会主义的坚定信念、对国家和人民的深厚感情和对社会责任的积极担当。

总的来说，中国特色社会主义教育的思想引领是高职院校学生思想政治建设的核心。只有坚持这一理念，我们才能引导学生形成正确的思想观念，坚定他们对中国特色社会主义的信仰和自信，从而培养出既具备理论知识，又具有实践能力的优秀人才，为国家的繁荣富强和社会的发展进步贡献力量。

（三）中国特色社会主义教育的文化引领

中国特色社会主义教育作为一种独特的教育理念，其文化引领的重要性不容忽视。它深深植根于中华优秀传统文化的土壤，同时紧密结合当代社会主义核心价值观，致力于培养具有深厚文化底蕴和人文精神的新时代青年。对于高职院校的学生而言，这种文化引领更是具有深远的意义。

高职院校的学生，作为未来社会的建设者和文化的传承者，他们的文化素养和人文精神的培养至关重要。中国特色社会主义教育正是为此而设立，它引导学生深入了解和传承中华优秀传统文化，让他们深刻认识到中华文化的博大精深和独特魅力。

通过学习中华优秀传统文化，学生们能够更好地理解社会主义核心价值观的内涵和实质。在日常生活中他们会践行这些价值观，热爱祖国、忠于民族，成为有担当、有情怀的新时代青年。同时，他们也会更加自信地面对世界，展现中华儿女的独特魅力。

此外，中国特色社会主义教育还能够推动中华优秀传统文化的传承和发展。在这个全球化日益加速的时代，保持文化的独立性和自信心显得尤为重要。通过教育引导，学生们将更加珍惜并传承中华优秀传统文化，将其发扬光大。同时，他们也会积极吸收世界各国的优秀文化成果，推动中华优秀传统文化的创新和发展。

综上所述，中国特色社会主义教育的文化引领在高职院校中具有重要的意义。它不仅能培养学生的文化素养和人文精神，还能推动中华文化的传承和发展。因此，我们应该高度重视这一教育理念的实施和推广，为培养更多具有深厚文化底蕴和人文精神的新时代青年贡献力量。

（四）中国特色社会主义教育的实践引领

在深入探究中国特色社会主义教育的过程中，我们会发现其独特的，以实践为基础、以实践为检验的教育理念具有深远的意义。这种教育理念不仅强调理论与实践的结合、知识与能力的统一，还将个人奋斗与国家命运紧密相连。对于高职院校的学生来说，这种实践引领的重要性尤为突出，因为他们是未来社会的建设者和发展的推动者。

首先，让我们深入探讨一下中国特色社会主义教育的核心理念。它强调学生应将所学的理论知识应用于实践，通过实践来检验理论的真理性，并进一步深化和拓展理论知识。这种理念在高职院校中尤为重要，因为这些学校的教育目标是培养出既具备理论知识，又有实践能力的技术技能人才。

其次，中国特色社会主义教育注重培养学生的创新能力。在快速发展的现代社会中，创新能力已经成为衡量一个人综合素质的重要标准。通过实践引导，学生可以在实践中发现问题，提出解决方案，并在解决问题的过程中锻炼自己的创新思维和创新能力。

此外，中国特色社会主义教育还引导学生将个人奋斗与国家命运紧密相连。它鼓励学生在实践中思考如何将自己的技能和能力服务于国家的发展，以及如何在国家的发展中实现个人的价值。这种理念有助于培养学生的社会责任感和使命感，使他们更加积极地参与到国家的发展中。

在高职院校中，许多学校已经开始实施实践引领的教学策略。他们与企业合作，为学生提供实习机会，让学生在实践中学习和成长。这种教学模式不仅提高了学生的实践能力，也提高了他们的就业竞争力，使他们能更好地适应社会的发展需求。总的来说，中国特色社会主义教育中的实践引领对于高职院校学生的实践能力和创新能力的培养具有重要意义。它引导学生将理论与实践相结合，将知识与能力相统一，将个人奋斗与国家命运紧密相连。这种教育理念不仅有助于提高学生的综合素质，也有助于推动国家的发展和进步。

（五）中国特色社会主义教育的实施策略

国学，作为中华文化的璀璨瑰宝和深厚根基，自古以来就在中华民族的精神世界中占据着举足轻重的地位。它承载着先人的智慧与情感，凝结着民族的信仰与追求。进入现代，特别是随着中国特色社会主义教育体系的建立与发展，国学教育在其中扮演着愈发重要的角色。国学不仅是连接历史与现代的桥梁，更是塑造民族精神、培养文化自信的关键。本小节将从以下几个方面详细论述国学在中国特色社会主义教育中的重要地位。

1. 国学与中国特色社会主义教育体系的融合

中国特色社会主义教育体系是在继承和发扬中华优秀传统文化的基础上逐步建立起来的。国学作为中华优秀传统文化的根脉和灵魂，其深厚的文化底蕴和丰富的教育资源为中国特色社会主义教育提供了源源不断的素材和灵感。国学教育融入课程体系中，不仅丰富了教学内容，使课堂更加生动有趣，也增强了教育的民族性和文化性，让学生在接受现代教育的同时，能够深刻感受到中华优秀传统文化的博大精深。

2. 国学教育在德育中的重要作用

德育是中国特色社会主义教育的核心任务之一，旨在培养学生的道德品质、社会责任感和公民意识。国学教育通过弘扬中华优秀传统文化，引导学生深入学习和理解古代先贤的智慧和道德准则，从而树立正确的世界观、人生观和价值观。如《论语》中的“仁、义、礼、智、信”,《大学》中的“格物致知”,《中庸》中的“中和之道”等国学经典中的德育思想，对于培养学生的道德品质、提升社会责任感和塑造健全人格具有不可替代的作用。

3. 国学教育在智育中的独特价值

智育是培养学生创新能力和综合素质的关键环节。国学教育通过引导学生深入学习和理解中华优秀传统文化，不仅能拓宽学生的知识视野，还能培养他们的逻辑思维、批判性思维和创新思维。国学中的经典文献和历史故事，蕴含着丰富的哲学思想、文学艺术和科学智慧，能够激发学生的创新思维和想象力，培养他们的批判性思维和解决问题的能力。

4. 国学教育在文化传承中的使命

中华优秀传统文化是中华民族的精神家园，也是世界文化多样性的重要组成部分。在全球化的浪潮中，保护和传承中华优秀传统文化显得尤为重要。国学教育肩负着传承和弘扬中华优秀传统文化的历史使命，通过系统地介绍和传播国学知识，帮助学生更好地了解和认同自己的文化根源，增强文化自信。同时，国学教育也为学生提供了深入探究中华文化魅力的平台，鼓励他们积极参与文化创新和传播，为中华文化的传承和发展贡献青春力量。

为了更好地贯彻落实中国特色社会主义教育，高职院校可以采取以下策略。

（1）加强思想政治教育。通过加强思想政治教育，培养学生正确的世界观、人生观和价值观，增强学生的社会责任感和公民意识。

（2）推进课程改革。强化中国特色社会主义教育内容的融入，增强学生的文化自信和民族自豪感。

（3）加强实践教育。提升学生的实践能力和创新能力，促进学生的全面发展和综合素质提升。

（4）加强师资建设。提升教师的教育水平和教学能力，保障中国特色社会主义教育的有效实施。

（5）加强评估监督。建立健全中国特色社会主义教育的评估体系和监督机制，促进教育质量的提高和教育目标的实现。

（六）国学教育在国际交流中的桥梁作用

随着全球化的深入发展，国际文化交流日益频繁。国学教育作为中华文化的重要载体，在国际交流中发挥着桥梁和纽带的作用。通过国学教育，我们可以向世界展示中华优秀传统文化的独特魅力和深厚底蕴，增进国际社会对中华优秀传统文化的了解和认同。同时，国学教育也为学生提供了参与国际文化交流的机会和平台，使他们在跨文化交流中感受不同文化的魅力，促进不同文化之间的相互理解与融合，为推动构建人类命运共同体贡献智慧和力量。

综上所述，国学在中国特色社会主义教育中占据着举足轻重的地位。它不仅是中国特色社会主义教育体系的有机组成部分，也是德育、智育、文化传承和国际交流中的重要环节。因此，我们应进一步加强对国学教育的研究与实践，推动国学教育与现代教育的深度融合，为培养具有全球视野和民族情怀的新时代人才贡献力量。同时，我们也应认识到国学教育的复杂性和长期性，不断探索和创新教学方法和手段，为国学教育的健康发展提供有力保障。

（七）国学融入高职院校育人实践的途径与方法

1. 开展校园文化活动，营造国学氛围

校园文化活动是高职院校传承和弘扬国学的重要途径。学校可以通过举办各种形式的校园文化活动，如国学讲座、传统节日庆祝活动、诗词歌赋比赛

等，营造浓厚的国学氛围。这些活动不仅可以增强学生对国学的兴趣和理解，还可以促进师生之间的交流与合作，共同推动国学在校园中的传播和发展。

（1）国学讲座。定期邀请国学专家、学者来校举办讲座，分享国学研究成果和心得体会，引导学生深入了解国学经典和文化内涵。

（2）传统节日庆祝活动。结合中国的传统节日，如春节、清明节、端午节等，开展丰富多彩的庆祝活动，让学生感受传统文化的魅力。

（3）诗词歌赋比赛。举办诗词朗诵、书法比赛、国画展览等活动，激发学生的创造力和艺术才能，培养他们对传统文化的热爱和传承意识。

2. 开展国学主题社团，促进自主学习和实践

国学主题社团是学生自主参与国学学习和实践活动的重要平台。学校可以鼓励学生自主组建国学主题社团，并提供场地和资源支持，让有兴趣的学生自由参与国学学习和实践活动。这样的社团可以通过学术讨论和实践活动等形式，深入探讨国学经典，增强学生的自我管理能力和团队合作意识。

（1）学术讨论。组织社团成员定期开展学术讨论会，分享学习心得，探讨国学相关问题，提高学生的思辨能力和研究水平。

（2）实践活动。结合社团活动，开展实地考察和社会实践等活动，让学生亲身感受传统文化的魅力和价值，增强文化自信。

3. 拓展国学教育资源，丰富学习内容和形式

拓展国学教育资源是高职院校将国学融入育人实践的重要保障。学校可以积极拓展国学教育资源，建设国学图书馆、文化艺术馆等设施，收藏并整理国学经典书籍、文物艺术品等，为学生提供更加丰富的学习资源和文化体验。同时，可以邀请国学名家、专家讲学，为学生打开国学文化的大门。

（1）建设国学图书馆。建立专门的国学图书馆或阅览室，广泛收藏国学经典书籍、期刊、论文等文献资料，方便学生进行自主学习和研究。

（2）建设文化艺术馆。建设文化艺术馆或展览室，展示文物、艺术品、传统工艺品等，让学生近距离感受传统文化的魅力，增强其文化自信。

（3）邀请国学名家讲学。定期邀请国学名家、专家来校进行讲解，分享其国学研究成果和心得体会，为学生提供更加深入的学习机会。

（八）加强师资队伍建设，提高国学教育水平

师资队伍是高职院校将国学融入育人实践的关键因素。学校应注重培养和引进国学教育的专业师资队伍，提高教师的国学理论水平和教学能力。通过举办国学研修班、教师培训等活动，不断提升教师的专业素养和教学水平，为学

生提供优质的国学教育服务。

1. 培养国学教育专业师资

鼓励教师参加国学研修班、学术研讨会等活动，提高其国学理论水平和教学能力。同时，积极引进具有国学背景的专业教师，优化师资队伍结构。

2. 加强教师培训

定期组织教师参加国学教育培训活动，提高教师的国学素养和教学水平。培训内容涵盖国学经典解读、教学方法与技巧等。

3. 鼓励教师创新教学

鼓励教师创新教学方法和手段，结合学生的实际需求和兴趣点，设计具有特色的国学课程和活动。同时建立激励机制，表彰在国学教育方面取得突出成绩的教师。

4. 案例分析

某高职院校位于中国传统文化底蕴深厚的城市，因其对传统文化的重视和弘扬而闻名。该校在教学实践中，通过开设“国学与现代职业发展”等跨学科课程，将国学经典与现代职业技能相结合，引导学生从国学中汲取营养，提升自身综合素质。这门课程采用了独特的教学模式，不仅包括传统的课堂讲授，还有实践性的项目设计，例如组织学生参与社会服务活动、企业实践等，让学生在实践中感受国学的力量。

该校积极建立了国学研究中心，邀请国学专家学者来校讲学、指导研究，并组织开展国学讲座、研讨会等活动，为学生提供了广阔的学术交流平台。学校通过与企业合作，将国学理念与实际生产相结合，培养了一大批具有创新意识和国学底蕴的专业人才。例如，在传统手工艺复兴项目中，学生将国学中的审美理念与现代设计相结合，设计出具有时代特色的传统手工艺品，深受市场欢迎，为学生提供了就业和创业的机会。

此外，学校还定期举办国学实践活动，组织学生参观中国传统文化遗产、学习传统技艺等，使学生能够在实践中感悟国学文化的魅力，增强文化自信。例如，学生们参加了一次古代建筑文化考察活动，在古建筑专家的带领下，深入了解中国古代建筑的特点和精髓，激发了学生对传统文化的浓厚兴趣，同时也加深了他们对国学知识的理解和认识。

通过以上举措，该校成功将国学融入高职院校的育人实践，为学生提供了丰富的学习资源和实践机会，有效地促进了学生的全面发展，提升了学校的教育品质和影响力。这一成功案例为其他高职院校提供了有益的借鉴和参考，为国学在高职院校的育人实践中发挥更大作用提供了有力支撑。

二、利用传统经典健全大学生道德人格

在当今社会，随着科技的发展和社会的变革，大学生道德素质的培养成为高校教育的重要任务之一。传统经典作为中华文化的精华，蕴含着丰富的道德智慧和人文精神，对于大学生道德人格的塑造具有重要意义。本节将从三个方面探讨如何利用传统经典健全大学生道德人格。

（一）弘扬传统美德

传统经典中蕴含着诸多传统美德，如孝道、仁爱、忠诚、诚信等。这些美德是中华民族几千年来形成的宝贵精神财富，对于塑造大学生良好的道德品质至关重要。

1. 弘扬孝道

作为中国传统文化的核心之一，孝道在传统经典中占据着重要地位。通过学习《孝经》《论语》等经典著作，可以引导大学生理解孝道的内涵与价值，激发他们对父母的尊敬和关爱之情，培养其孝顺父母、尊老敬老的良好品质。

2. 强调仁爱之心

仁爱是中华传统文化的重要理念，体现了对他人的关爱和同情。通过学习《大学》《孟子》等经典著作，可以引导大学生树立仁爱之心，培养他们关爱他人、乐于助人的品德。

（二）引导正确认识人生价值

传统经典蕴含着丰富的人生智慧，对于大学生树立正确的人生观和价值观具有重要启发作用。通过深入学习和解读传统经典，可以帮助大学生树立正确的人生观和价值观，明确人生目标和追求。

1. 崇尚“仁、义、礼、智、信”

传统经典中强调的“仁、义、礼、智、信”等价值观念，是中华优秀传统文化的核心精神，对于引导大学生塑造正确的人生观和价值观至关重要。通过学习《中庸》《论语》等经典著作，可以引导大学生树立崇尚“仁、义、礼、智、信”的人生追求，注重修身养性、明辨是非、守正待人。

2. 弘扬报国精神

中国传统文化中强调的报国精神，对于培养大学生的爱国精神和家国情怀具有重要意义。通过学习《孙子兵法》《荀子》等经典著作，可以引导大学生树立报国的理想和追求，激发他们为祖国和人民的利益而努力奋斗的精神。

（三）践行道德规范与行为准则

传统经典中蕴含着丰富的道德规范和行为准则，对于引导大学生树立正确的行为标准和道德操守具有重要指导作用。通过学习和领悟传统经典中的道德规范，可以帮助大学生树立正确的人生观和行为准则，培养他们良好的行为习惯和社会责任感。

1. 尊重师长、尊重学术

传统经典中强调的尊师重教、尊重学术的美德，对于培养大学生尊敬师长、尊重学术、尊重知识的品质具有重要意义。通过学习《论语》《孟子》等经典著作，可以引导大学生树立尊敬师长、尊重学术的观念，培养他们虚心求教、勤奋好学的学术态度。

2. 诚实守信、言行一致

传统经典中强调的诚实守信、言行一致的道德要求，对于培养大学生的诚实守信、言行一致的品质具有重要意义。通过学习《论语》《弟子规》等经典著作，可以引导大学生树立良好的做人原则。

三、应对快餐文化带来的思想挑战

快餐文化是当代社会的产物，随着生活节奏的加快和信息技术的发展，快餐文化在日常生活中越来越普遍。然而，快餐文化也带来了一系列的思想挑战，特别是对于大学生这一群体影响更为深远。本小节将从三个方面探讨如何应对快餐文化带来的思想挑战。

（一）倡导深度思考与内涵发展

快餐文化的特点之一是片面追求速度和效率，强调快速解决问题和即时满足需求，这容易使人们浅尝辄止，思维方式肤浅化。为了应对快餐文化带来的思想挑战，应该鼓励大学生深度思考，注重内涵提升。

1. 加强思辨能力培养

大学生应该具备独立思考和分析问题的能力，不仅要了解问题的表面现象，更要深入探究问题的根本原因和内在逻辑。通过引导学生学习哲学、逻辑学等相关课程，培养他们的思辨能力和批判性思维，使其具备应对复杂问题和挑战的能力。

2. 注重综合素养培养

大学教育应致力于学生综合素养的提升，包括文学、艺术、历史、哲学等多方面的知识和能力。通过提供丰富多彩的课程和活动，引导学生积极参与诗歌、书法、绘画、音乐等艺术文化活动，培养其审美情趣和人文精神，拓展其思维视野和内涵修养。

3. 推崇精神追求与人生意义

快餐文化强调即时满足和物质享受，容易使人们陷入功利主义和物欲追求。大学教育应该提倡精神追求和对人生意义的探索，引导学生思考人生的价值与意义。通过开展人文讲座、精神生活指导等活动，帮助学生树立正确的人生观和价值观，培养其追求精神境界的提升和内心世界的富足。

（二）培养批判意识与信息素养

快餐文化的传播途径广泛，其中包括大量的信息媒体和网络平台。这些平台提供了海量的信息和内容，但其中也夹杂着大量的虚假信息和低俗内容。为了应对快餐文化带来的思想挑战，我们应该培养学生的批判意识和信息素养。

1. 加强媒体素养教育

大学生应该具备辨别信息真伪、评价信息价值的能力。通过开设媒体素养课程和举办相关讲座，引导学生正确使用各种媒体平台和工具，提高其辨别虚假信息和低俗内容的能力。

2. 强化网络安全教育

快餐文化主要通过互联网传播，因此大学生应该加强网络安全意识，学会正确使用网络，防范网络诈骗和不良信息的侵害。通过开展网络安全知识培训和网络安全实践活动，帮助学生树立正确的网络伦理观念和行为规范。

3. 推动媒介批判与自主选择

大学教育应该鼓励学生进行媒介批判，引导他们审视和分析媒体内容的真实性和意义，培养其独立思考和自主选择的能力。通过开展媒介批判讨论和媒介素养竞赛等活动，提高学生对媒体信息的理解和应用能力。

（三）弘扬传统文化与人文精神

快餐文化追求的是速度和效率，而忽视了人文精神和文化传统的重要性。为了应对快餐文化带来的思想挑战，我们应该大力弘扬传统文化和人文精神。

1. 加强传统文化教育

传统文化是中华民族的根基和灵魂，具有丰富的人文内涵和道德智慧。大学教育应该加强对传统文化的教育，引导学生深入了解并传承中国的优秀传统文化，培养他们的文化自信心和民族自豪感。

2. 倡导人文关怀与社会责任

快餐文化过分追求个人利益和短期快感，而忽视了人文关怀和社会责任的重要性。大学教育应该倡导人文关怀和社会责任，引导学生关注社会公益事业，鼓励他们积极参与志愿服务和社会实践活动，培养他们的社会责任感和公民意识。

3. 强化人文素养培养

人文素养是大学生综合素质的重要组成部分，具有重要的思想引领和情感塑造作用。大学教育应该注重培养学生的人文素养，通过开设文学、历史、艺术等人文学科课程，引导学生感悟人文精神和情怀，提高他们的人文修养和情感素质。

第二节　国学为高职院校育人工作提供丰富内容

一、“少年强则国强”蕴含的中国梦

中国梦是对中华民族伟大复兴的追求和憧憬，是实现国家富强、人民幸福的美好愿景。而“少年强则国强”作为中国传统文化的重要理念，正是中国梦的重要组成部分。在高职院校育人工作中，通过对国学的传承和弘扬，引导学生深刻理解“少年强则国强”的内涵，激发他们为实现中国梦而奋斗的热情和信心。本节将从三个方面探讨“少年强则国强”蕴含的中国梦。

（一）强国必先强民

中国梦的核心是实现国家富强和人民幸福。而“少年强则国强”这一理念强调的是，国家富强的根基在于民族青年一代的强盛。在高职院校育人工作中，我们应该通过国学教育，引导学生树立正确的国家观念和民族观念，激发他们热爱祖国、报效社会的责任感和使命感。同时，要注重培养学生的爱国情怀和社会责任感，引导他们关注国家发展和社会进步的大局，积极投身于国家建设和民族复兴的伟大事业。

1. 弘扬爱国主义精神

国学作为中华传统文化的重要组成部分，蕴含着丰富的爱国主义精神。通过学习经典著作如《诗经》《孟子》等，引导学生深入了解和感悟中华民族的

辉煌历史和文化传统，树立热爱祖国、忠诚人民的爱国情怀。同时，可以组织学生参与各种形式的爱国主义教育活动，如参观革命历史纪念馆、参加爱国主义主题讲座等，以增强学生的爱国意识和民族自豪感。

2. 树立社会责任感

当代大学生应该意识到自己肩负的社会责任，要为实现国家富强、人民幸福贡献自己的力量。通过国学教育，引导学生了解社会发展的历史脉络和现实需求，认识到自己作为社会主人翁的责任和使命。同时，可以通过社会实践、志愿服务等形式，培养学生的社会责任感和实践能力，使他们在成长过程中逐渐形成“少年强则国强”的意识和行动自觉。

3. 强调民族凝聚力

国学教育还应该强调民族凝聚力的重要性，促进各民族之间的团结与和谐。学习《论语》《大学》等经典著作，引导学生深入了解中华民族的多元并包，树立对中华民族的认同感和归属感。同时，可以组织学生参与民族团结活动，加强各民族之间的交流和合作，进一步巩固和发展民族团结。

（二）培育时代新人

“少年强则国强”强调的不仅是国家的强大，更着眼于对新一代人的培养和引导。在高职院校育人工作中，我们应该通过国学教育，培养学生的时代责任感和社会担当，引领他们成长为德智体美劳全面发展的时代新人。

1. 强调德育引领

国学教育不仅注重知识的传承，更强调品德的培养。通过学习《论语》《孝经》等经典著作，引导学生树立正确的人生观和价值观，培养他们的品德修养和社会责任感。同时，可以组织学生参与德育实践活动，如志愿服务、文明礼仪教育等，培养他们的良好品德和社会公德。

2. 注重智育培养

智慧是国家发展的重要动力，也是时代新人应该具备的重要素质。国学教育可以激发学生的学习兴趣和创新精神，提高他们的思维能力和问题解决能力。同时，可以通过科技创新、学科竞赛等形式，拓展学生的知识面和视野，培养他们的创新意识和实践能力。

3. 促进体育健康

身体健康是为国效力的保障，也是时代新人应该重视的问题。通过开展体育锻炼和健康教育，可以提高学生的身体素质和心理素质，增强他们的抗压能力和适应能力。同时，可以组织学生参与体育竞赛、健身活动等，培养他们的团队合作精神和体育精神，促进学生身心健康和全面发展。

（三）弘扬传统文化精神

“少年强则国强”的实现离不开对传统文化的传承和弘扬。在高职院校育人工作中，我们应该通过国学教育，引导学生深入了解和传承中华传统文化的精髓，激发他们对传统文化的热爱和信仰，推动中国梦的实现。

1. 传承文化基因

中华优秀传统文化是中华民族的根基和灵魂，具有丰富的人文精神和道德智慧。通过学习《论语》《大学》等经典著作，引导学生深入了解并传承中华传统文化的精髓，增强他们对传统文化的认同感和自豪感。

2. 弘扬民族精神

民族精神是中华民族的宝贵财富，也是推动实现中国梦的重要动力。国学教育可以引导学生热爱祖国、忠于民族，增强他们的民族自豪感和使命感。同时，可以组织学生参与各种形式的民族文化活动，如传统节日庆祝、民族文化展示等，促进民族团结和文化传承。

3. 强调文化自信

文化自信是实现中国梦的重要保障，也是时代新人应该具备的重要素质。国学教育可以引导学生树立文化自信，增强他们对中华传统文化的热爱。同时，可以通过文化交流、文化创作等形式，扩大传统文化的影响力和传播范围，推动中华优秀传统文化在世界范围内的交流和传播。

二、“天下兴亡，匹夫有责”孕育的核心价值观

“天下兴亡，匹夫有责”的思想最早出现在顾炎武的《日知录·正始》中，原文为:“保国者，其君其臣肉食者谋之；保天下者，匹夫之贱与有责焉耳矣。”意为保护一个国家政权不致被倾覆，是帝王将相和文武大臣的职责；而天下苍生、民族文化的兴盛与灭亡，关乎所有人的利益，因此，每一个老百姓都有义不容辞的责任。

梁启超将这句话概括为广为人知的“天下兴亡，匹夫有责”。这里的“天下”指的是国家、民族，乃至全人类，“匹夫”则是指每一个普通人。这句话表达的是一种集体意识和责任感，强调每个人都应该为国家和民族的兴衰负责，积极履行自己的义务和责任。

“天下兴亡，匹夫有责”是中国传统文化中的重要思想，蕴含着丰富的核

心价值观。在高职院校育人工作中，通过深入挖掘和传承这一核心价值观，可以引导学生树立正确的人生观、价值观和社会责任感，促进其全面发展和综合素质提升。

（一）强调个人责任与社会担当

"天下兴亡，匹夫有责"这一价值观强调了个人的责任和担当，认为每个人都应该为国家和社会的兴衰负责。在高职院校育人工作中，我们应该通过国学教育，引导学生树立正确的责任观念和担当意识，激发他们为社会发展和国家建设作出贡献的热情和信心。

1. 培养社会责任感

在国学教育中，可以通过学习《孟子》《大学》等经典著作，引导学生深入理解"天下兴亡，匹夫有责"的内涵，认识到每个人都应该为社会发展和国家建设承担责任。同时，可以通过社会实践、志愿服务等形式，培养学生的社会责任感和实践能力，使他们在成长过程中逐步树立"天下兴亡，匹夫有责"的意识。

2. 强调个人奉献精神

"天下兴亡，匹夫有责"强调了个人的奉献精神，认为每个人都应该为国家和社会的繁荣昌盛做出自己的贡献。在高职院校育人工作中，我们应该引导学生树立正确的奉献观念和价值取向，激励他们积极投身国家建设和民族复兴的伟大事业，为实现中国梦贡献自己的力量。

3. 促进公益意识培养

公益事业是社会发展的重要支撑，也是"天下兴亡，匹夫有责"核心价值观的具体体现。国学教育可以引导学生关注社会公益事业，认识到每个人都应该为社会的发展和进步承担责任。同时，可以组织学生参与各类公益活动，如环保志愿、助学扶贫等，培养他们的公益意识和社会责任感，推动公益事业的发展和壮大。

（二）倡导道德品质与个人修养

"天下兴亡，匹夫有责"这一核心价值观强调了个人的道德品质和个人修养。在高职院校育人工作中，我们应该通过国学教育，引导学生树立正确的道德观念和行为规范，培养他们的道德品质和个人修养。

1. 弘扬传统美德

中国传统文化中蕴含着丰富的传统美德，如孝道、仁爱、诚信等，这些美德是“天下兴亡、匹夫有责”核心价值观的重要体现。通过学习《弟子规》《论语》等经典著作，引导学生了解和感悟传统美德的内涵和价值，树立正确的道德观念和行为规范，培养他们的道德品质和个人修养。

2. 注重人格塑造

个人修养是“天下兴亡，匹夫有责”核心价值观的重要内容之一，强调了个人品格和人格塑造的重要性。在高职院校育人工作中，我们应该通过国学教育，引导学生注重人格塑造，树立正确的人生观和价值观，培养他们良好的品德和行为习惯。可以通过开展德育活动，如品德建设讲座、德育主题班会等，引导学生树立正确的人生导向，培养他们的自律意识和自我管理能力，促进其全面发展和健康成长。

3. 倡导社会公德

作为社会成员，每个人都应该遵守社会公德，为社会的和谐稳定作出贡献。国学教育可以引导学生认识到社会公德的重要性，培养他们的公民意识和社会责任感，倡导学生遵守社会公德，尊重社会规范，做一个有责任感、有担当的公民。

（三）弘扬爱国情怀与文化自信

“天下兴亡，匹夫有责”这一核心价值观强调了爱国情怀和文化自信，认为每个人都应该热爱祖国，弘扬民族文化，为国家的繁荣昌盛贡献自己的力量。在高职院校育人工作中，我们应该通过国学教育，引导学生树立正确的爱国观念和文化自信心，激发他们的爱国热情和传承中华优秀传统文化的热情和信心。

1. 弘扬爱国情怀

爱国情怀是“天下兴亡，匹夫有责”核心价值观的重要内容之一，是中华民族的优良传统和民族精神的具体体现。国学教育可以引导学生深入了解和感悟祖国的伟大历史和文化传统，树立热爱祖国、忠于民族的爱国情怀。同时，可以通过爱国主题活动、爱国主义教育等形式，激发学生的爱国热情，推动爱国情怀的培养和传承。

2. 强调文化自信

文化自信是“天下兴亡，匹夫有责”核心价值观的重要内涵之一，展现了中华民族的文化自觉和文化自信。国学教育可以引导学生树立文化自信，增强对中华优秀传统文化的信仰和自信。同时，可以通过文化交流、文化创作等形式，推动中华优秀传统文化的传播和创新，使文化自信深入人心。

3. 传承民族文化

中国传统文化是中华民族的根基和灵魂，蕴含丰富的人文精神和道德智慧。国学教育可以引导学生深入了解和传承中华传统文化的精髓，增强对传统文化的认同感和自豪感。同时，可以通过传统文化教育、传统文化活动等形式，推动民族文化的传承和发展，促进中华优秀传统文化的繁荣和兴盛。

三、凿壁借光、焚膏继晷的奋发求学精神

凿壁借光和焚膏继晷这两个成语都彰显了勤奋学习、不断进取的精神。

凿壁借光讲述的是西汉时期匡衡的故事。匡衡从小家境贫寒，没有条件进学堂学习，但他白天帮人干活，晚上则因为没有钱买灯油而无法读书。于是，匡衡想出了一个办法，他在家里的土墙上凿了一个洞，借隔壁的灯光来读书。这种刻苦学习的精神最终使他在汉元帝时期成为太子少傅，后来还官至丞相，封乐安侯。这个故事赞扬了匡衡勇于克服艰苦的条件、勤奋读书的精神，为我们树立了刻苦读书的好榜样。

焚膏继晷则是指用油来续烛，形容夜以继日地用功读书或努力工作。这个成语最早出自唐代韩愈的《进学解》。文中提到，“焚膏油以继晷，恒兀兀以穷年。”意思是用油来续烛，使得时间得以延续，常常这样夜以继日地工作，一年到头都如此。这个成语用来形容人非常勤奋，利用一切时间去追求自己的目标。

“凿壁借光，焚膏继晷”蕴含着奋发求学、刻苦钻研的精神。在高职院校育人工作中，深入挖掘和传承这一精神，可以激励学生克服困难，勇攀高峰，实现自己的人生价值。本小节将从三个方面探讨凿壁借光、焚膏继晷的奋发求学精神。

（一）培养刻苦钻研的学习态度

凿壁借光、焚膏继晷体现了奋发求学的精神，强调了刻苦钻研、孜孜不倦的学习态度。在高职院校育人工作中，我们应该通过国学教育，引导学生树立正确的学习观念和学习态度，激励他们勤奋学习、钻研进取。

1. 弘扬刻苦精神

凿壁借光、焚膏继晷精神强调的是刻苦钻研的学习态度。通过学习《孟子》《论语》等经典著作，引导学生深入理解和感悟其精神的内涵，认识到学习的重要性和艰辛，培养他们刻苦钻研的学习态度和品质。

2. 倡导勤奋学习

勤奋学习是凿壁借光、焚膏继晷精神的重要体现之一，强调学生应该勤奋钻研、不断进取。在高职院校育人工作中，应该倡导学生勤奋学习、积极进取，提高他们的学习积极性和主动性，努力掌握专业知识和技能，为将来的工作和发展奠定坚实的基础。

3. 注重实践探索

实践探索是凿壁借光、焚膏继晷精神的重要环节，强调了学生应该通过实践积累经验并探索创新。在高职院校育人工作中，应该注重学生的实践教育，组织各种形式的实践活动，如实习实训、科研项目等，激发学生的实践兴趣和创新能力，培养他们的实践探索精神和能力。

（二）提倡不断进取的精神风貌

凿壁借光、焚膏继晷所倡导的不断进取的精神风貌，强调了学生应该不断进步、持续提高。在高职院校育人工作中，应该通过国学教育，激励学生不断进取、不懈努力，实现自己的人生追求和价值目标。

1. 强调永不满足

凿壁借光、焚膏继晷精神强调了不断进取、永不满足的精神品质。在高职院校育人工作中，我们应该引导学生树立正确的人生观和价值观，认识到追求卓越、永不满足的重要性，不断提高自身的综合素质和能力，实现个人的人生价值和社会理想。

2. 倡导积极进取

积极进取是凿壁借光、焚膏继晷精神的重要体现之一，强调了学生应该积极主动、勇于拼搏。在高职院校育人工作中，应该倡导学生勇于拼搏、积极进取、不畏艰难、不怕失败，勇于迎接挑战，敢于创新创造，不断提高自身的竞争力和适应能力。

3. 注重持续学习

持续学习是凿壁借光、焚膏继晷精神的重要内容之一，强调了学生应该不断学习、不断进步。在高职院校育人工作中，应该引导学生树立终身学习的意识，注重自我提升和不断进步，积极参与各种形式的学习活动，不断提高自身的知识水平和综合素质。

（三）弘扬勇于创新的实践精神

凿壁借光、焚膏继晷所倡导的勇于创新的实践精神，强调了学生应该勇于创新、敢于实践。在高职院校育人工作中，应该通过国学教育，激励学生勇于创新、积极实践，不断推动科技创新和社会发展。

1. 鼓励勇于尝试

勇于尝试是凿壁借光、焚膏继晷精神的重要体现之一，强调学生应该勇于探索、敢于尝试。在高职院校育人工作中，应该鼓励学生勇于尝试、敢于冒险，勇于挑战传统，敢于创新创造，不断开拓创新的领域，推动社会的进步和发展。

2. 推动科技创新

科技创新是凿壁借光、焚膏继晷精神的重要内容之一，强调了学生应该积极投身于科技创新和社会发展的伟大事业。在高职院校育人工作中，应该引导学生关注科技创新，积极参与科技创新活动，不断提升自身的创新能力和科技水平，为国家的科技发展和经济建设作出贡献。

3. 促进创业实践

创业实践是凿壁借光、焚膏继晷精神的重要体现之一，强调了学生应该勇于创业、敢于创新。在高职院校育人工作中，应该鼓励学生积极参与创业实践，培养他们的创业意识和创业能力，促进创新创业的蓬勃发展，为经济社会的稳定和繁荣贡献力量。

四、“修学好古，实事求是”的脚踏实地精神

“修学好古，实事求是”出自东汉班固所撰写的《汉书·河间献王传》。刘德是汉景帝刘启之子，他一生酷爱藏书，读书务实，为后世所传颂。书中提到刘德“修学好古，实事求是”，意指他十分喜爱古代文化，并在研究学问时注重事实真相，力求准确。修学好古表达了对古代文化和知识的尊重和追求，鼓励人们通过学习古代的智慧和经验来提升自己的修养和学识。实事求是强调了尊重客观事实，以事实为依据，不夸大、不歪曲、不捏造，追求真实、准确、客观的知识。

修学好古和实事求是都表达了对学习的态度，但侧重点有所不同。修学好古强调的是对古代知识和文化的尊重和学习，而实事求是则强调在学习的过程中，要以事实为依据，追求真实和准确。这两个成语都是中国古代文化的瑰宝，对后世产生了深远的影响。

“修学好古，实事求是”是中华优秀传统文化中的重要思想，强调了学习传统、尊重事实的脚踏实地精神。在高职院校育人工作中，通过深入挖掘和传

承这一精神，可以引导学生扎实学习、勤奋实践，培养他们踏实肯干的工作作风和创造性思维。

（一）尊重传统、弘扬优秀文化

修学好古强调了对传统文化的尊重和学习，认为传统文化是中华民族的根基和灵魂，蕴含着丰富的人文精神和道德智慧。在高职院校育人工作中，我们应该通过国学教育，引导学生尊重传统、弘扬优秀文化，树立正确的历史观和文化观，增强他们的文化自信心和民族自豪感。

1. 学习经典著作

中国传统文化中蕴含着丰富的经典著作，如《论语》《大学》等。这些著作是中华民族智慧的结晶，具有重要的思想价值。通过国学教育，可以引导学生学习经典著作，深入了解和领会其中的道理和精髓，增强他们对传统文化的认同感和自豪感。

2. 弘扬优秀传统

中华优秀传统文化中蕴含着丰富的优秀品质，如孝、仁、礼等，这些品质是中华民族优良传统的重要体现。通过国学教育，可以引导学生弘扬优秀品质，传承和发扬中华民族的优良传统，培养他们正确的道德观念和行为规范，推动社会文明进步与和谐发展。

3. 推动传统文化传承

传统文化的传承是中华民族文化的生命线，也是实现中华民族伟大复兴的重要保障。通过国学教育，可以推动传统文化的传承和发展，培养学生对传统文化的热爱和信仰，激发他们对传统文化的创新和发展的热情和动力。

（二）注重实践、勇于创新

实事求是强调了对事实的尊重和实践的重视，认为只有立足实际、勇于创新，才能取得真正的成就。在高职院校育人工作中，我们应该通过实践教育，培养学生实事求是、勇于创新的精神，提高他们的创造力和实践能力。

1. 注重实践教育

实践是检验真理的唯一标准，也是培养学生综合素质的重要途径。在高职院校育人工作中，应该注重实践教育，组织学生参与各种形式的实践活动，如实习实训、科研项目等，培养他们的实践能力和创新意识，提高他们解决实际问题的能力和水平。

2. 倡导勇于创新

创新是推动社会进步和发展的重要动力，也是“实事求是”精神的重要体现之一。在高职院校育人工作中，应该倡导学生勇于创新、敢于实践，鼓励他们勇于挑战传统，敢于探索创新，不断推动科技创新和社会发展。

3. 推动创新教育

创新教育是培养学生创新精神和实践能力的重要途径，也是“实事求是”精神的重要体现之一。在高职院校育人工作中，应该推动创新教育，改变传统的教学模式和评价体系，注重培养学生的创新意识和实践能力，促进学生全面发展和综合素质提升。

（三）倡导务实、追求卓越

“修学好古，实事求是”的精神强调了务实和追求卓越的品质，认为只有脚踏实地、勤奋努力，才能取得真正的成就。在高职院校育人工作中，应该通过实践教育，培养学生的务实精神和追求卓越的品质，提高他们的实际工作能力和综合素质水平。

1. 案例一

背景：某高职院校设有中医药专业，学校领导意识到传统中医文化对于学生专业素养和人文修养的重要性。因此，学校决定开展“中医药与国学相结合”项目，将国学元素融入中医药专业的教学和实践，以培养学生全面发展。

课程设置：学校重新设计了中医药专业的课程体系，增设了国学相关课程，如“中医典籍导读”“中医文化与国学”等。这些课程旨在引导学生深入理解中医药文化的历史渊源和思想内涵，增强其对中医药传统文化的认同感和自豪感。

教学方法：在教学过程中，采用多样化的教学方法，如讲授结合讨论、实践操作结合理论讲解等。通过讲解中医典籍、组织国学讨论、开展实践操作等活动，激发学生的学习兴趣，提高他们对中医药和国学的理解和掌握。

实践活动：组织学生参与中医药文化实践活动，如参观中医药博物馆、拜访名医传承人等。通过实践活动，让学生亲身体验中医药文化的魅力，增强其对中医药传统文化的认同和传承意识。

课外拓展：开展国学文化讲座、经典诵读比赛等活动，激发学生对国学的兴趣和热爱。学校还组织学生参加国学竞赛、文化交流活动等，拓展学生的国学视野，促进国学与中医药专业的融合发展。

效果分析：通过“中医药与国学结合”项目的实施，取得了一系列积极成果，成果如下。

学生文化素养提升：学生通过学习国学课程和参与实践活动，对中医药传统文化有了更深入的了解和认识，文化素养显著提升。

专业技能与人文素养并重：项目不仅提升了学生的中医药专业技能，同时也培养了其人文素养和社会责任感，使其具备更全面的发展能力。

增强专业竞争力：学生通过学习国学，拓展了视野，提升了综合素质，增强了就业竞争力。在就业市场上，具备中医药专业技能和国学素养的学生备受青睐。

传统文化传承与创新：项目促进了中医药传统文化的传承与创新，为传统文化的继承与发展注入了新的活力和动力。

结论："中医药与国学结合"项目的实施，为国学融入职业教育提供了宝贵经验。通过此项目的实践，不仅使学生对中医药传统文化有了更深入的认识和理解，还促进了中医药专业的发展和传承。这一实践充分证明了国学在职业教育中的重要作用，为其他领域的国学融入提供了有益借鉴。

2. 案例二

背景：某地区高职院校的工艺美术专业以传统工艺技艺为主要教学内容。考虑到传统工艺背后蕴含丰富的文化内涵，学校决定开展"传统工艺与国学结合"项目，将国学元素融入工艺美术专业的教学和实践中，以提高学生的文化修养和综合素质。

实施步骤如下。

课程设计：学校重新设计了工艺美术专业的课程体系，增设了国学相关课程，如《传统工艺与国学导论》《国学经典赏析》等。这些课程旨在引导学生深入了解传统工艺背后的文化内涵，增强其对传统工艺的认同感和文化自信。

教学方法：教师采用多样化的教学方法，如讲授结合实践、案例分析等。通过讲解经典文化、组织国学讨论、开展工艺实践等活动，激发学生的学习兴趣，提高他们对传统工艺和国学的理解和掌握。

实践活动：组织学生参与传统工艺实践活动，如陶器、刺绣、木雕等。通过实践活动，让学生亲身体验传统工艺的魅力，增强其对传统工艺的热爱和传承意识。

创作展示：学校组织学生参加国学与传统工艺相结合的作品创作活动，如以经典文学作品为题材的陶器、刺绣等。通过作品展示和评选活动，展示学生的创作成果，鼓励学生将国学与传统工艺相结合，创作出具有文化内涵的艺术作品。

效果分析：通过“传统工艺与国学结合”项目的实施，取得了以下成果。

学生文化素养提升：学生通过学习国学课程和参与工艺实践活动，对传统工艺的文化内涵有了更深入的了解和认识，文化素养显著提升。

专业技能与人文素养并重：项目不仅提升了学生的工艺技艺，同时也培养了其人文素养和艺术修养，使其具备更全面的发展能力。

传统工艺传承与创新：项目促进了传统工艺的传承与创新，为传统工艺的发展注入了新的活力和动力，使传统工艺焕发出新的生机和魅力。

文化传统与现代设计相结合：学生在工艺实践中将国学元素融入作品创作，实现了传统文化与现代设计的结合，创作出具有时代特色和文化内涵的作品，展示了中华传统文化的魅力和活力。

结论：通过将国学元素融入工艺实践的作品创作中，学生成功地展示了传统文化与现代设计融合的成果，创作出了兼具时代特色和文化内涵的作品。这不仅证明了中华传统文化的魅力和活力，还突显了年轻一代对于保护和传承传统文化的积极态度。这种跨时代的融合创新，对于推广中华文化和培养新一代设计人才具有重要的意义。

第三章

十年树木，百年树人

——从古典诗词、名言看国学的育人思想

学习目标

对受教育者进行德育、智育、体育、美育等多方面的教育、培养，使教育对象能得到全面发展。本章从古典诗词和名言名句入手，使学生了解国学的育人思想。

1. 知识目标

了解古典诗词名句中蕴含的人生道理。

理解中华民族诗词歌赋中蕴含的育人思想。

明确中国古典诗词的德育价值。

2. 能力目标

提升对中华民族古典诗词名句的理解。

激发用育人思想引导行为的能力。

3. 素质目标

增强文化自信与文化认同感。

自觉运用诗词中蕴含的育人思想。

提升文化素养。

第一节　古典诗词蕴含的人生道理

一、节义

1. 带长剑兮挟秦弓，首身离兮心不惩

原文

九歌·国殇

屈原

操吴戈兮被犀甲，车错毂兮短兵接。
旌蔽日兮敌若云，矢交坠兮士争先。
凌余阵兮躐余行，左骖殪兮右刃伤。
霾两轮兮絷四马，援玉枹兮击鸣鼓。
天时怼兮威灵怒，严杀尽兮弃原野。
出不入兮往不反，平原忽兮路超远。
带长剑兮挟秦弓，首身离兮心不惩。
诚既勇兮又以武，终刚强兮不可凌。
身既死兮神以灵，魂魄毅兮为鬼雄！

释义

战士手持兵器，身披犀甲，敌我双方战车交错，短兵相接。

旌旗遮蔽日光，敌众如云，两军交战的箭矢纷纷坠落在阵地上，战士奋勇争先。

敌军侵犯我们的阵地，左边的骖马倒地而死，右边的骖马被兵刃所伤。

兵车两轮深陷，绊住四马，主帅举起鼓槌猛击战鼓。

杀得天昏地暗，连威严的神灵都震怒，全军将士捐躯于茫茫原野。

将士们啊一去永不复返，走向那遥远没有尽头的平原。

佩长剑，夹强弓，征战沙场，身首异处仍壮心不改，勇气不减。

战士真正勇敢顽强而又英武，始终刚强坚毅，不可侵犯。

人虽死啊英灵不泯，其魂魄也要成为鬼中的豪杰！

赏析

《九歌》是一组祭歌，共 11 篇，是屈原根据民间祭神乐歌进行再创作的作品。《九歌·国殇》取民间“九歌”之祭奠之意，以哀悼死难的爱国将士，追悼和礼赞为国捐躯的楚国将士的亡灵。乐歌分为两节，先是描写在一场短兵相接的战斗中，楚国将士奋勇抗敌的壮烈场面，继而颂扬他们为国捐躯的高尚志节。由“旌蔽日兮敌若云”一句可知，这是一场敌众我寡的殊死战斗。当敌人来势汹汹，冲乱楚军的战阵并欲长驱直入时，楚军将士仍个个奋勇争先。但见战阵中有一辆战车冲出，这辆原由四匹马拉的大车，虽左外侧的骖马已中箭倒毙，右外侧的骖马也被砍伤，但它的主人——楚军统帅，仍毫无惧色，他将战车的两个轮子埋进土里，拴住战马，反而举槌擂响了进军的战鼓。一时战气肃杀，连苍天也为之威怒。待杀气散尽，战场上只留下一具具尸体，静卧荒野。

作者描绘场面、渲染气氛的本领十分高强。将一场殊死恶战刻画得栩栩如生，极富感染力。随后，则以饱含情感的笔触，讴歌死难将士。有感于他们自披上战甲之日起，便不再想全身而返，此刻他们紧握兵器，安详地、无怨无悔地躺在那里，诗人简直不能抑制自己的情绪涌动。他对这些将士满怀敬爱，正如他常用美人香草指代美好的人事一样，在诗篇中，他也同样用一切美好的事物，来修饰笔下的人物。这批神勇的将士，操的是吴地出产的以锋利闻名的戈、秦地出产的以强劲闻名的弓，身披犀牛皮制的盔甲，手持有玉嵌饰的鼓槌，他们生是人杰，死为鬼雄，气贯长虹，英名永存。

现存史料尚不能指明这次战争发生的具体时地，以及敌对一方为谁。但当时楚国始终面临七国中实力最强的秦国的威胁，自怀王当政以来，楚国与秦国有过数次较大规模的战争，并且大多数是楚国抵御秦军入侵。从这一基本史实出发，说此篇是写楚军抗击强秦入侵，大概没有问题。而在这种抒写中，作者热爱家国的炽烈情感表现得淋漓尽致。

楚国灭亡后，楚地流传过这样一句话：“楚虽三户，亡秦必楚。”屈原此作在颂悼阵亡将士的同时，也隐隐表达了对洗雪耻辱的渴望。从此意义上说，他的思想与楚国广大人民息息相通。作为中华民族贡献给人类的第一位伟大诗人，他所写的绝不仅仅是个人的些许悲欢和因受诬陷被排挤、乃至流亡沅湘的坎坷遭遇；他奉献给世人的是那颗爱国之心。他是楚国人民的喉管，他所写的一系列作品，道出了楚国人民热爱家国的心声。

此篇在艺术表现上与作者其他作品有些区别，甚至与《九歌》中其他乐歌也不尽一致。它不是一篇想象奇特、辞采瑰丽的华章，然其“通篇直赋其事”

（戴震《屈原赋注》），挟深挚炽烈的情感，以促迫的节奏、开张扬厉的抒写，传达出了与所反映的人事相一致的凛然亢直之美，一种阳刚之美。本文在楚辞体作品中独树一帜，读罢实在让人有气壮神旺之感。

2. 捐躯赴国难，视死忽如归

原文

《白马篇》

曹植

白马饰金羁，连翩西北驰。
借问谁家子，幽并游侠儿。
少小去乡邑，扬声沙漠垂。
宿昔秉良弓，楛矢何参差。
控弦破左的，右发摧月支。
仰手接飞猱，俯身散马蹄。
狡捷过猴猿，勇剽若豹螭。
边城多警急，虏骑数迁移。
羽檄从北来，厉马登高堤。
长驱蹈匈奴，左顾凌鲜卑。
弃身锋刃端，性命安可怀？
父母且不顾，何言子与妻！
名编壮士籍，不得中顾私。
捐躯赴国难，视死忽如归！

释义

白色的战马，饰着金黄的笼头，直向西北飞驰而去。
请问这是谁家的孩子，原来是幽州和并州的游侠骑士。
年纪轻轻就离开了家乡，到边塞显身手，建立功勋。
楛木箭和强弓从不离身，下苦功练就了一身武艺。
拉开弓如满月，左右射击，一箭射中靶心不差毫厘。
抬手就能射中飞驰而来的目标，俯身就能打碎箭靶。
他灵巧敏捷胜过猿猴，又勇猛剽悍如同豹螭。
听说国家边境军情紧急，侵略者一次又一次进犯内地。
告急信从北方频频传来，游侠儿催战马跃上高堤。

随大军平匈奴直捣敌巢，再回师扫鲜卑驱逐敌骑。
上战场面对着刀山剑树，从不将安和危放在心里。
连父母也不能孝顺服侍，更不能顾念那儿女妻子。
名和姓既列入战士名册，早已经忘掉了个人私利。
为国家解危难奋勇献身，把死亡看得像回家一样平常。

赏析

这首诗描写和歌颂了边疆地区一位武艺高强又富有爱国精神的青年英雄，借以抒发诗人的报国之志。本诗中的英雄形象，既是诗人的自我写照，又凝聚和闪耀着时代的光辉，为曹植前期的重要代表作品，内容青春气息浓厚。

诗歌以曲折动人的情节，塑造了一个性格鲜明、生动感人的青年爱国英雄形象。开头两句以奇景飞动之笔，描绘出英雄策马奔赴西北战场的景象，显示出军情紧急，扣动读者心弦；接着以“借问”为引领，以铺陈的笔墨补叙英雄的来历，进一步刻画了他的英雄形象；“边城”六句，遥接篇首，具体说明英雄“西北驰”的原因和英勇赴敌的气概。末八句展示英雄捐躯为国、视死如归的崇高精神境界。

3. 伏波惟愿裹尸还，定远何须生入关

原文

塞下曲

李益

伏波惟愿裹尸还，定远何须生入关。
莫遣只轮归海窟，仍留一箭射天山。

译文

应该像马援那样，只愿战死疆场，以马革裹尸还葬，何必像班超那样非要保全生命，活着入关返回家乡！

全歼敌人，不能让一个敌人逃脱，而且应该留驻边疆，叫敌人不敢再来侵犯。

赏析

李益的边塞诗，主要抒发将士们久戍思归的情绪，情调偏感伤，但其中也不乏一些慷慨激昂之作，《塞下曲》便是这方面较著名的一首。

此诗以前代戍边名将作比，抒发了将士们的豪情壮志。前两句夸赞东汉两

个名将马援和班超。“伏波惟愿裹尸还”说的是马援的故事。东汉时期，马援屡立战功，被封为伏波将军。他曾经说：男儿当战死于边野，以马革裹尸还葬。“定远何须生入关”，这句说的是班超的故事。东汉时期的班超投笔从戎，平定西域一些少数民族贵族统治者的叛乱，被封为定远侯，驻守西域三十一年。后因年老，上书皇帝，请求调回，有“但愿生入玉门关”之语。

前两句是说：为保家卫国，边塞将士应长期驻守边疆，宁愿战死疆场，无须活着回到玉门关。后两句进一步表达灭敌及长期卫边的决心。

“莫遣只轮归海窟”中的“只轮”指的是一只车轮。《春秋公羊传》中记载，僖公三十三年，“夏四月辛巳，晋人及姜戎败秦于殽，……晋人与羌戎要之殽而击之，匹马只轮无反（返）者”。“海窟”，本指海中动物聚居的洞穴，这里借指敌人所居住的瀚海（沙漠）地区。这里指不能让一个敌人逃跑。

“仍留一箭定天山”中的“一箭定天山”，说的是唐初薛仁贵西征突厥的故事。《旧唐书·薛仁贵传》中提到，唐高宗时，薛仁贵领兵在天山迎击九姓突厥十余万军队，发三矢，射杀敌人派来挑战的三人，其余敌人见状，都下马请降。薛仁贵率兵乘胜前进。凯旋时，军中唱起这样的歌：“将军三箭定天山，战士长歌入汉关。”

这两句意思是，要全歼敌人，不能让一个敌人逃脱，而且应该留驻边疆，叫敌人不敢再来侵犯。

这首诗通过东汉时期的马援、班超和唐初的薛仁贵这三个名将的故事，讴歌了将士们激昂慷慨、视死如归、坚决消灭来犯之敌的英雄气概和勇于牺牲的精神，反映了当时人民渴望安边定远的心愿。全诗情调激昂，音节嘹亮，是一首激励人们舍身报国的豪迈诗篇。

4. 万古纲常担上肩，脊梁铁硬对皇天

原文

和曹东谷韵

谢枋得

万古纲常担上肩，脊梁铁硬对皇天。

人生芳秽有千载，世上荣枯无百年。

此日识公知有道，何时与我咏游仙。

不为苏武即龚胜，万一因行拜杜鹃。

译文

从古到今的人伦纲常全都承担在我的肩上，我的脊梁就像铁一样坚硬有力，面对皇天后土，一点也不会感到羞愧。

一个人的声名，无论是清芳或是污臭，千百年后，仍旧还是会继续流传，但是人活在世上时候的光荣和落魄，却不会超过一百年。

今日认识了曹公，知道您是一位得道之人，何时给我讲讲寻仙访道的事情，吟咏一首游仙诗。

我即使不做苏武，也要做龚胜那样的人坚守气节，凭借坚贞不屈的行为展现对国家的忠贞。

赏析

谢枋得是南宋末年节士，民族气节凛然，其诗作朴直而有韵致。《和曹东谷韵》道出了深刻的人生哲理。从诗题可以看出，这是一首酬和之作。曹东谷，生平不详，据推测谢枋得与之有所交往，且同其世界观有共鸣，故而写下这首诗。

“人生芳秽有千载，世上荣枯无百年。”人一生中的美好品德或丑恶言行，都将留存千年，后人共睹，而世上万物的荣盛与枯败，只是短暂的，不会经久不变。诗人用质朴的语言，勉励人们不要贪图一时的荣华富贵，纵情享乐，以至于成为历史的罪人，遗臭万年，要洁身养德，去恶从善，让后世敬仰，引为楷模。历史是一面镜子，真实地照出每个人的功过，任何人都无法逃避历史的审视，这是永恒的真理。诗句还告诉人们：任何事物都在不断新陈代谢、发展变化之中，客观规律不以人的意志为转移。

从艺术角度来看，这两句诗值得我们借鉴和欣赏的成功之处有二。其一是对比手法。“有”与“无”，从存现情况上比；“千”与“百”，从时间长短上比。通过对比，充分说明了人们应该注重美德修养的道理，在历史的天平上，重的一头是“人生芳秽”，轻的一端是“世上荣枯”，其含意是很深刻的。其二是形象说理。宋诗多议论，往往流于空泛俗套，缺乏诗味，而形象的说理，则是对社会人生、宇宙自然的深入观察，对庸俗、琐屑、累赘的超越和解脱。诗人没有空洞地谈论人生，而是借用自然界中的“芳”“秽”“荣”“枯”来喻说其理，给人以启迪，富有趣味。而且，理语入诗，自然流畅，避免了平淡粗率。这两句诗，确是经过探索思考而锤炼出的哲理精华。

5. 人生自古谁无死，留取丹青照汗青

原文

过零丁洋

文天祥

辛苦遭逢起一经，干戈寥落四周星。
山河破碎风飘絮，身世浮沉雨打萍。
惶恐滩头说惶恐，零丁洋里叹零丁。
人生自古谁无死？留取丹心照汗青。

译文

回想我早年由科举入仕，历尽千辛万苦，如今战火消歇已过四年。

国家危在旦夕似那狂风中的柳絮，而我个人的命运也坎坷如雨中浮萍漂泊无根，时起时沉。

惶恐滩的惨败让我至今依然惶恐，可叹我在零丁洋里身陷囹圄，孤苦无依。

自古以来，人终不免一死！倘若能为国尽忠，死后仍可光照千秋，青史留名。

赏析

“辛苦遭逢起一经，干戈寥落四周星。”作者在生死关头，回忆一生，感慨万千。他抓住了两件大事，一是以明经入仕，二是“勤王”。以此两端起笔，极好地写出了当时的历史背景和个人心境。“干戈寥落”，是就国家整个局势而言。据《宋史》记载，朝廷征天下兵，但像文天祥那样高举义旗为国捐躯者寥寥无几。作者用“干戈寥落”四字，暗含对苟且偷生者的愤激，对投降派的谴责。

如果说首联是从纵的方面追述，那么，颔联则是从横的方面渲染。“山河破碎风飘絮，身世浮沉雨打萍”，作者用凄凉的自然景象喻国力的衰微，极深切地表现了他的哀恸。把自己的命运和国家的前途紧紧地联系在一起，亡国孤臣有如无根的浮萍漂泊在水上，无所依附，这际遇本来就够惨了。而作者再在“萍”上著“雨打”二字，就更显凄苦。这“身世浮沉”，概括了诗人一路艰苦卓绝的斗争和坎坷不平的一生。本联对仗工整，比喻贴切，形象鲜明，感情炽烈，读之使人怆然。

五、六句紧承前意，进一步渲染生发。景炎二年（1277 年），文天祥的军

队被元兵打败后，曾从惶恐滩一带撤退到福建。当时前临大海，后有追兵，如何闯过那九死一生的险境且转败为胜是他最忧虑、最惶恐不安的事情。而今军队溃败，身为俘虏，被押送过零丁洋，能不感到孤苦伶仃？这一联特别富有情味，“惶恐滩”与“零丁洋”两个带有感情色彩的地名自然相对，而又被诗人运用来表现他昨日的“惶恐”与眼前的“零丁”，真可谓诗史上的绝唱。

以上六句，诗人把家国之恨、艰危困厄渲染到极致，哀怨之情汇聚到高潮，而尾联却一笔宕开：“人生自古谁无死？留取丹心照汗青。”以磅礴的气势、高亢的情调收束全篇，表现出他的民族气节和舍生取义的生死观。结尾的高妙，致使全篇由悲而壮、由郁而扬，形成一曲千古不朽的壮歌。本句中诗人直抒胸臆，表现了其愿为国家安宁慷慨赴死的民族气节。

二、爱国

1. 时危见臣节，世乱识忠良

原文

代出自蓟北门行

鲍照

羽檄起边亭，烽火入咸阳。
征师屯广武，分兵救朔方。
严秋筋竿劲，虏阵精且强。
天子按剑怒，使者遥相望。
雁行缘石径，鱼贯度飞梁。
箫鼓流汉思，旌甲被胡霜。
疾风冲塞起，沙砾自飘扬。
马毛缩如猬，角弓不可张。
时危见臣节，世乱识忠良。
投躯报明主，身死为国殇。

译文

紧急征召的文书从边塞岗亭传来，战争爆发的消息已经传到京都。

被征召的骑兵驻扎在广武县，将兵分几路解救被困的朔方。

肃杀的秋天虽然十分寒冷，但战士们的战斗豪情丝毫没有减弱，他们手里的弓箭更加强劲了。但敌人的战阵也精锐而坚强。

天子听到敌兵气焰嚣张的消息，按捺不住心中的怒火，也要亲临战场与敌人一搏。使者促战，在道路上遥相望见。

军队沿石径行进，如雁飞排成的行列；士兵依次渡过桥梁，如游鱼前后连贯。

军乐流露出汉人的情思，战士们的旌旗和铠甲都披上了胡地的霜雪。他们冒着疾风冲锋陷阵，战场上的沙砾被扬起，在风中飞舞。因为天气寒冷，马毛都像刺猬一样缩成一团，角弓也拉不开了。

但在时局危险的时候，才可以看出那些臣子的节操；天下动乱的时候，才能看出一个人是否忠良。

战士们为回报君主之恩，都奋力拼杀，不顾自己的性命安危；身死之后，他们会成为为国牺牲的光荣的烈士。

赏析

诗开头就表现了边亭告急的紧急情况：“羽檄起边亭，烽火入咸阳。征骑屯广武，分兵救朔方。”敌方入侵的信息接连传入京城，汉军征集马队，屯驻广武，分遣精兵，出救朔方。前两句“羽檄”“烽火”用互文见义法，强化了军情的危急，后两句为一触即发的生死搏斗埋下了伏笔。

接下来四句表现了胡焰嚣张，天子震怒的严重局势：“严秋筋竿劲，虏阵精且强。天子按剑怒，使者遥相望。”敌人利用深秋弓坚矢劲，大举入犯，汉家天子震怒，使者促战，相望于道。此四句有力地暗示一场激烈的战斗即将展开，很能唤起读者的兴趣。

接着用两联工整对句极写汉军准备投入战斗的壮阔场面，颇有先声夺人气势：“雁行缘石径，鱼贯度飞梁。箫鼓流汉思，旌甲被胡霜。”石径迂折，飞梁直跨，大军行进，秩序井然。但闻箫鼓中传出汉军的豪情壮思，旌甲上沾满胡地的霜雪。前两句用雁行、鱼贯两个比喻刻画汉军跋涉辛苦、纪律严明的风貌，后两句则突出将士们战胜恶劣环境的大无畏精神。“缘”“度”“流”“被”四字，起了点睛作用。

然后着重描写进入实战状态时气候剧变的特殊情况：“疾风冲塞起，沙砾自飘扬。马毛缩如猬，角弓不可张。”疾风冲塞而起，沙砾满天飘扬。战马瑟缩，不能奔驰，劲弓冻结，难以开张。这四句把边塞风光与战地生活紧密结合，很自然地为英勇顽强的壮士营造出典型环境，使他们在艰苦条件下表现出的可贵战斗精神得到彰显。

最后四句是全诗的精华：“时危见臣节，世乱识忠良。投躯报明主，身死为国殇。”自古以来的忠节之士，都是在严峻考验中察见和识别出来的，他们必须在紧急关头付出最大牺牲。诗人用《九歌·国殇》礼赞勇武刚强、死于国是的“鬼雄”之语，颂扬为国捐躯的壮士，寄托了他对英烈的无比崇敬之情。这两联流传甚广，几乎成了古代衡量忠良行为的准则，产生了鼓舞人心的力量。

此诗在思想与艺术上能达到较完美的统一，是由于紧凑曲折的情节、不断变化的画面和鲜明突出的形象在诗里得到了有机的结合。其中紧凑的情节，更起了重要作用。它由边亭告警、征骑分兵、加强防卫，进而写到虏阵精强、天子按剑、使者促战，然后着重写了汉军壮伟场面和战地自然风光，最后以壮士捐躯、死为国殇的高潮作结。

贯穿于上述紧凑情节中的，是各种生活画面，如边亭、咸阳、广武、朔方、虏阵、胡霜，包括了胡汉双方的广阔空间。活跃其中的，有飞传的羽檄、连天的烽火、雁行的队伍、鱼贯的行列、箫鼓的节奏、旌甲的辉光等。尤其是疾风起、沙砾扬、马瑟缩、弓冻凝的边塞风光画面，“神气光舞”（陈祚明语），“分明说出边塞之状”（朱熹语），更为此诗增添了艺术光彩，也是鲍照表现边塞生活的重要艺术标志。

上述画面从多角度进行描绘，而位于其中心的，则是英雄群像。不只征骑、分兵，缘石径、度飞梁、吹箫伐鼓、执旌被霜的严峻时刻，他们的形象也十分耀眼。尤其是时危世乱之际表现的忠节，更突出地闪现了英烈们为国献身的思想亮光。

鲍照没有边塞生活的直接经验，却写出了成功的边塞作品，很可能是因为他善于把自己积累的北方边塞生活的知识和前辈作家的创作经验艺术地结合起来，他能自出心裁，自显身手，为南朝诗坛开出一朵奇葩，说明他对庄子《逍遥游》中所描述的“有待”“无待”的境界，是很能领会的。

2. 圣代无隐者，英灵尽来归

原文

送綦毋潜落第还乡

王维

圣代无隐者，英灵尽来归。
遂令东山客，不得顾采薇。
既至金门远，孰云吾道非。

江淮度寒食，京洛缝春衣。
置酒长安道，同心与我违。
行当浮桂棹，未几拂荆扉。
远树带行客，孤村当落晖。
吾谋适不用，勿谓知音稀。

译文

政治清明时代绝无隐者存在，为朝政服务的有才者纷纷出来。
连你这个像谢安的山林隐者，也不再效法伯夷叔齐去采薇。
你应试落第不能待诏金马门，那是命运不济谁说我说得不对？
你在寒食时节经过江淮，到达京洛是正缝制春衣的时候。
我们又在长安城外设酒饯别，同心知己如今又要与我分开。
你将驾驶着小船南下归去，不多久就可把自家柴门叩开。
远山的树木把你的身影遮盖，夕阳余晖映得孤村艳丽多彩。
你暂不被录用纯属偶然的事，别为知音稀少而徒自感慨！

赏析

这是一首送别诗。此诗围绕送友还乡，层层深入，娓娓道来。诗人对綦毋潜参加科举考试落第一事反复地进行慰勉，鼓励友人不要灰心懊丧，落第只是暂时的失意，要相信世上还会有知音，如今政治清明，有才能的人是不会被埋没的，表达了对朋友怀才不遇的同情和劝慰，写得委婉细腻。

开头四句言当今正是太平盛世，人们不再隐居，而是纷纷出山应考，走向仕途。“圣代”一词充满了诗人对李唐王朝的由衷信赖和希望。“尽来归”，是出仕不久、意气风发的诗人对天下举子投身科考的鼓励，他规劝綦毋潜不应归隐，而要振作精神，树立信心，争取再考。五、六句是对綦毋潜的安慰：尽管这一次未能中第入仕，但选择科举之路是没有错的，只要坚持下去，总会有希望的。七至十句是劝綦毋潜暂回家去。“度寒食”“缝春衣”，是从时令上提醒对方，含有关切之情。“江淮”“京洛”，是从路线的选择上提出建议，含有送别之意。“置酒”相送、“同心”相勉，足见诗人对綦毋潜的深厚情谊与殷殷期许。十一至十四句设想对方回乡的快捷与沿途风光，给人以温暖之感，意在安慰对方，不要背上落第的包袱，要开心起来。最后两句规劝对方，这次落第只是自己的才华恰好未被主考官赏识，切不要因此怪罪于开明的“圣代”，切莫以为朝中赏识英才的人稀少。这一恳切安慰之辞很能温暖人心，激励綦毋潜继续仕进。

这首送别诗不仅写出了诗人对朋友的关心、理解、慰勉与鼓励，也表现出其积极入世的思想。全诗感情真挚而亲切，诗人为友人的落第而惋惜，对友人的遭遇深表同情，但全诗的格调并不流于感伤，相反显得奋发昂扬。这样的送别诗自然会给友人以慰藉和鼓舞。读这样一首送别诗，会让人有一份感动，有一丝温暖，不仅为诗人对朋友的告别之语所感动，更被诗人对朋友的慰勉之情所温暖。

3. 王师北定中原日，家祭无忘告乃翁

原文

示儿

陆游

死去元知万事空，但悲不见九州同。
王师北定中原日，家祭无忘告乃翁。

译文

原本知道死去之后就什么也没有了，只是为没能见到国家统一而悲伤。
当大宋军队收复了中原失地的那一天，你们举行家祭时不要忘了告诉我。

赏析

此诗是陆游爱国诗中的一首名篇。陆游一生致力于抗金，一直希望能收复中原。虽然频遇挫折，却未改变初衷。从诗中可以领会到诗人的爱国之情是何等的执着、深沉、热烈、真挚。本诗也凝聚着诗人毕生的心愿，诗人始终如一地抱着恢复故土的信念，对抗金事业具有必胜的信心。题目是“示儿”，相当于遗嘱。在短短的篇幅中，诗人殷切嘱咐着儿子，无比光明磊落，激动人心，浓浓的爱国之情跃然纸上。

“死去元知万事空”，“元知”，本来就知道，“元”是一个通假字，通“原”；“万事空”，是说人死后万事万物都可无牵无挂了。但从诗人的情感流向来看，有着更加重要的一面，“元知万事空”看来平常，但就全诗来说非常重要。它不但表现了诗人生无所恋、死无所畏的生死观，更重要的是为下文的“但悲”起到了有力的反衬作用。“元”“空”二字更加强劲有力，反衬出诗人那种“不见九州同”则死不瞑目的心情。

“但悲不见九州同”描写诗人的悲怆心境。此句诗意是诗人向儿子们交代他至死也无法排除的极大悲痛的心境，那就是因为没有亲眼看到祖国的统一而

深深感到遗憾。这一句中的“悲”字是句眼，诗人临终前悲怆的不是个人生死，而是没有看见祖国的统一。表明自己心有不甘，因为“不见九州同”。“悲”字深刻反映了诗人内心的悲哀、遗憾之情。

“王师北定中原日”，诗人以热切期望的语气表达了渴望收复失地的信念。诗人虽然沉痛，但并未绝望。诗人坚信总有一天宋朝的军队必定能平定中原，收复失地。有了这一句，诗的情调便由悲痛转为激昂。

“家祭无忘告乃翁”，情绪又一转，痛心自己已经看不到祖国统一的那一天，只好把希望寄托于后代子孙，于是深情地嘱咐儿子，在家祭时千万别忘记把“北定中原”的喜讯告诉他们的父亲。此句表达了诗人坚定的信念，充分体现了年迈衰老的陆游的爱国、报国之情。读者无不从中受到感染，爱国之情被激发。

这首诗用笔曲折，情真意切地表达了诗人临终时复杂的思想情绪和他忧国忧民的爱国情怀，既有对抗金大业未就的无穷遗恨，也有对神圣事业必成的坚定信念。全诗有悲的成分，但基调是激昂的。诗的语言浑然天成，没有丝毫雕琢，全是真情的自然流露，但比着意雕琢的诗更美、更感人。

4. 繁霜尽是心头血，洒向千峰秋叶丹

原文

望阙台

戚继光

十年驱驰海色寒，孤臣于此望宸銮。

繁霜尽是心头血，洒向千峰秋叶丹。

译文

在大海上我同倭寇周旋已有十年之久，我站在这里，遥望着京城宫阙。

我的心血如同千山万岭上的浓霜，洒向群峰，染红所有秋叶。

赏析

该诗概括了诗人在苍茫大海上东征西讨的战斗生活，表达抗倭斗争的艰难困苦。因有感于曾一起抗倭的汪道昆被弹劾罢官，来形容自己像远离京师孤立无援的臣子，远望皇帝居住的地方，诗人仍盼抗倭斗争能得到朝廷的充分支持，既表达了对祖国的一片赤诚和自己对抗倭报国的一腔热血，也蕴含了对朝廷的忠贞。

此诗以十分形象化的手法，抒发自己的丹心热血。

“十年驱驰海色寒，孤臣于此望宸銮。”这是叙事。此诗虽为登临之作，却不像一般登临诗那样开篇就写景，而是总括诗人在大海上的战斗生活。“寒”，既指苍茫清寒的海色，同时也暗示旷日持久的抗倭斗争是多么艰难困苦，与“孤臣”有着呼应关系。第二句写登临，又不是写一般的登临。“望宸銮”，交代出登临望阙台的动机。“孤臣”，不是在写登临人的身份，主要是写他当时的处境和登临望阙台时复杂的心情。战斗艰苦卓绝，而远离京城的将士却得不到来自朝廷的足够支持，诗人心中充满矛盾。得不到朝廷支持，对此诗人不无抱怨；可是他仍对朝廷仍寄予厚望。所以，他渴望表白自己的赤诚，希望得到朝廷的支持。正是这矛盾的心情，促使诗人来到山前，于是望阙台上出现了英雄伫望京师的孤独身影。至此，我们才会理解，第一句诗不是徒然泛设，它其实为下面的登临起着类似领起的作用：没有多年艰苦的孤军奋战作为前提，那么此次登临也就不会有什么特殊的感情。

“繁霜尽是心头血，洒向千峰秋叶丹。”这是借景抒情。登上望阙台，赫然发现：千峰万壑，秋叶流丹。这一片如霞似火的生命之色，使激情满怀，鼓荡起想象的风帆。这两句诗形象地揭示出古代爱国将领忠君爱国的典型精神境界。在长期抗倭战争中，诗人之所以能在艰苦条件下，不懈地与倭寇展开殊死较量，正是出于爱国和忠君的赤诚之心。

“繁霜”二句，诗人借“繁霜”“秋叶”向皇帝表达自己忠贞不渝的报国之心。虽然，明王朝对自己抗倭支持甚少，而且有所责难，但自己保家卫国的一腔热血凝成繁霜，也要把这峰上的秋叶染红。作者轻视个人的名利得失，而对国家、民族有着强烈的责任感和使命感，哪怕自己遭遇不公，也仍然忠心耿耿地驰海御敌。由于诗人有着崇高的思想境界与高尚的爱国情怀，尽管是失意之作，这首诗同样具有高雅的格调和感人至深的艺术魅力。

这首诗用拟物法，以“繁霜”比喻自己的鲜血，形象生动，在艺术表现上极富感染力，读其诗，“如闻其声，如见其人”，不愧为千古流传的名作。

三、征战

1. 黄沙百战穿金甲，不破楼兰终不还

原文

从军行

王昌龄

青海长云暗雪山，孤城遥望玉门关。

黄沙百战穿金甲，不破楼兰终不还。

译文

青海湖一带乌云密布，遮得连绵雪山一片黯淡。边塞古城，玉门雄关，远隔千里，遥遥相望。

守边将士身经百战，铠甲磨穿，壮志不灭，不打败进犯之敌，誓不返回家乡。

赏析

唐代边塞诗的读者，往往因为诗中所涉及的地名古今杂举、空间悬隔而感到困惑，怀疑诗人不谙地理，因而不求甚解者有之，曲解者亦有之。这首诗就有这种情况。

前两句提到三个地名。“雪山”即河西走廊南面横亘延伸的祁连山脉。“青海”与“玉门关”东西相距数千里，却同在一幅画面上出现，于是对这两句就有种种不同的解说。有的说，上句是向前极目，下句是回望故乡，这很奇怪。“青海”“雪山”在前，“玉门关”在后，则主人公回望的故乡该是玉门关以西的西域，那“百战”的不是汉兵，倒成胡兵了。另一说，次句即“孤城玉门关遥望”之倒文，而遥望的对象则是“青海长云暗雪山”，这里存在两种误解：一是把“遥望”解为“遥看”，二是把对西北边陲地区的概括描写误解为主人公望中所见，而前一种误解即因后一种误解而生。

“青海长云暗雪山，孤城遥望玉门关”，诗人在开篇描绘了一幅壮阔苍凉的边塞风景，概括了西北边陲的状貌。这两句话的意思是：青海湖一带的天空，长云遮蔽，北面绵延着的雪山隐约可见，翻过雪山，就是河西走廊荒漠中的孤城，再往西，就可以看到玉门关。在唐代，西边有吐蕃，北边有突厥，当时的青海一带是唐军和吐蕃多次交战的地方，而玉门关外就是突厥的势力范围，这两座城池因此成为唐朝重要的边防城。战士们看着青海和玉门关，不禁回想起

在此发生过的战斗场面，心潮澎湃。可见这两句写景中包含丰富的感情，有戍守边疆将士们对边防的关注，有他们对自己能担负保家卫国责任的自豪，也有因边疆环境恶劣，将领戍边生活艰苦的孤寂心情，种种感情都融进了这苍凉辽阔、迷茫昏暗的景象中。

“黄沙百战穿金甲，不破楼兰终不还。”两句由情景交融的环境描写转为直接抒情。“黄沙百战穿金甲”，是概括力极强的诗句。戍边时间之漫长、战事之频繁、战斗之艰苦、敌军之强悍、边地之荒凉，都于此七字中概括无遗。“百战”是比较抽象的，冠以“黄沙”二字，就突出了西北战场的特征，“百战”而至“穿金甲”，更可想见战斗之艰苦激烈，也可想见这漫长的时间中有一系列“白骨掩蓬蒿”式的壮烈牺牲。但是，金甲尽管磨穿，将士的报国壮志却并没有消磨，而是在大漠风沙的磨炼中变得更加坚定。“不破楼兰终不还”就是身经百战的将士豪壮的誓言。上一句把战斗之艰苦、战事之频繁写得越突出，下一句便越显得铿锵有力、掷地有声。

盛唐优秀的边塞诗有一个重要的思想特色，就是在抒写戍边将士的豪情壮志的同时，并不回避战争的艰苦，本篇就是一个显例。可以说，三、四句不是空洞肤浅的抒情，正是因为有一、二句大处落墨的环境描写。典型环境与人物情感高度统一，是王昌龄绝句的一个突出优点，这在本篇中也有明显的体现。

2. 男儿何不带吴钩，收取关山五十州

原文

南园十三首（其五）

李贺

男儿何不带吴钩，收取关山五十州。
请君暂上凌烟阁，若个书生万户侯？

译文

男子汉大丈夫为什么不带上武器，去收复黄河南北被占领的关塞河山五十州呢？

请你暂且登上那凌烟阁去看一看，又有哪一个书生曾被封为食邑万户的列侯？

赏析

这首诗由两个设问句组成，顿挫激越，而又直抒胸臆，把家国之痛和身世

之悲都淋漓酣畅地表达出来。

首句的设问是反问，也是自问，含有“国家兴亡，匹夫有责”的豪情。“男儿何不带吴钩”，起句峻急，紧连次句“收取关山五十州”，犹如悬流飞瀑，从高处跌落而下，气势磅礴。“带吴钩”指从军的行动，身佩军刀，奔赴疆场，那气概多么豪迈！“收复关山”是从军的目的，山河破碎，民不聊生，诗人怎甘蛰居乡间，无所作为呢？因而他向往建功立业，报效国家。这两句诗，十四字一气呵成，节奏明快，与诗人那昂扬的意绪和紧迫的心情十分契合。

首句“何不”二字极富表现力，它不仅构成了特定句式（疑问），而且强调了反诘的语气，增强了诗句传情达意的力量。诗人面对烽火连天、战乱不已的局面，焦急万分，恨不得立即身佩宝刀，奔赴沙场，保卫家邦。“何不”云云，反躬自问，有势在必行之意，又暗示危急的军情和诗人自己焦虑不安的心境。此外，它还使人感受到诗人的郁积已久和愤懑。李贺是个书生，早就诗名远扬，本可凭才学入仕，但这条进身之路被“避父讳”这一封建礼教无情地堵死了，使他没有机会施展自己的才能。“何不”一语，透露出诗人的无奈。

“收取关山五十州”，一个“取”字，举重若轻，有破竹之势，生动地表达了诗人急切的救国心愿。然而“收取关山五十州”谈何容易？书生意气，自然成就不了收复关山的大业，而要想摆脱眼前悲凉的处境，又非经历戎马生涯，杀敌建功不可。这一矛盾，突出表现了诗人愤激不平之情。

“请君暂上凌烟阁，若个书生万户侯？”诗的最后两句是说：“请你登上那放有开国功臣画像的凌烟阁去看一看，又有哪一个书生曾被封为万户侯？”这里诗人不用陈述句而用反问句，发牢骚的意味显得更加浓郁。看起来，诗人是从反面衬托投笔从戎的必要性，实际上是进一步抒发怀才不遇的愤激之情。情绪由昂扬激越转入沉郁哀怨，既见反衬的笔法，又见起伏的节奏，峻急中作回荡之姿。就这样，诗人把自己复杂的思想感情表现在诗歌的节奏里，使读者从节奏的感染中加深对主题的理解和感受。

3. 可怜无定河边骨，犹是春闺梦里人

原文

陇西行四首（其二）

陈陶

誓扫匈奴不顾身，五千貂锦丧胡尘。

可怜无定河边骨，犹是春闺梦里人。

译文

唐军将士誓死横扫匈奴奋不顾身，五千身穿锦衣的精兵战死在胡地。

真可怜那无定河边成堆的白骨，还是少妇们春闺里思念的梦中人。

赏析

《陇西行》是乐府《相和歌·瑟调曲》旧题，内容写边塞战争。陇西，即今甘肃宁夏陇山以西的地方。这首《陇西行》反映了唐代长期的边塞战争给人民带来的痛苦和灾难。全诗虚实相对，宛若电影中的蒙太奇手法，用意工妙，诗情凄楚，吟来潸然泪下。

“誓扫匈奴不顾身，五千貂锦丧胡尘。”以精炼概括的语言，叙述了一个慷慨悲壮的激战场面。唐军誓死杀敌，奋不顾身，但结果五千将士全部丧生“胡尘”。“誓扫”“不顾”，表现了唐军将士忠勇敢战的气概和献身精神。汉代羽林军穿“貂锦”（锦衣貂裘），这里借“貂锦”指精锐部队。部队如此精良，战死者达五千之众，足见战斗之激烈和伤亡之惨重。

“可怜无定河边骨，犹是春闺梦里人。”这里没有直接写战争带来的悲惨景象，也没有渲染家人的悲伤情绪，而是匠心独运，把“河边骨”和“春闺梦”联系起来，写闺中妻子不知征人战死，仍然在梦中想见已成白骨的丈夫，使全诗产生震撼心灵的悲剧力量。知道亲人死去，固然会引起悲伤，但确知亲人的下落，毕竟是一种告慰。而这里，长年音讯杳然，人早已变成无定河边的枯骨，妻子却还在梦中盼他早日归来团聚。灾难和不幸降临到身上，不但毫不觉察，反而满怀着热切美好的希望，这才是真正的悲剧。

此诗的跌宕处全在三、四句。“可怜”句紧承前句，为题中之义；“犹是”句宕开一笔，另辟新境。“无定河边骨”和“春闺梦里人”，一边是现实，一边是梦境；一边是悲哀凄凉的枯骨，一边是年轻英俊的战士，实虚相对，枯荣迥异，造成强烈的艺术效果。一个“可怜”，一个“犹是”，包含着多么深沉的感慨，凝聚了诗人对战死者及其家人的无限同情。

明代杨慎《升庵诗话》认为，此诗化用了汉代贾捐之《议罢珠崖疏》“父战死于前，子斗伤于后，女子乘亭鄣，孤儿号于道，老母、寡妇饮泣巷哭，遥设虚祭，想魂乎万里之外”的文意，称它“一变而妙，真夺胎换骨矣”。贾文着力渲染孤儿寡母遥祭追魂、恸哭于道的悲哀气氛，写得沉痛而富有情致。贾文中写家人设祭、想魂，已知征人战死，而陈诗中的少妇则深信丈夫还活着，丝毫不疑其已经死去，几番梦中相逢，诗意更深挚，情景更凄惨，也更能使人一洒同情之泪。

明代王世贞《艺苑卮言》赞赏此诗后二句“用意工妙”，但指责前二句“筋骨毕露”，后二句为其所累。其实，首句写唐军将士奋不顾身“誓扫匈奴”，给人留下了深刻的印象，而次句写五千精良之兵，一旦之间丧生于“胡尘”，确实令人痛惜。征人战死得悲壮，少妇的命运就更值得同情，所以这些描写正是为后二句表现少妇思念征人张本。可以说，若无前二句明白畅达的叙述描写作铺垫，想亦难见后二句用意之工妙。

4. 浊酒一杯家万里，燕然未勒归无计

原文

渔家傲

范仲淹

塞下秋来风景异，衡阳雁去无留意。四面边声连角起。千嶂里，长烟落日孤城闭。

浊酒一杯家万里，燕然未勒归无计。羌管悠悠霜满地。人不寐，将军白发征夫泪。

译文

秋天到了，西北边塞的风光和江南大不同。向衡阳飞去的雁群，一点也没有停留之意。黄昏时分，号角吹起，边塞特有的风声、马啸声、羌笛声和着号角声从四面八方响起来。连绵起伏的群山里，夕阳西下，青烟升腾，孤零零的一座城池城门紧闭。

饮一杯浊酒，不由得想起万里之外的亲人，眼下战事未平，功名未立，还不能早作归计。远方传来羌笛的悠悠之声，天气寒冷，霜雪满地。夜深了，在外征战的人都难以入睡，无论是将军还是士兵，都被霜雪染白了头发，只好默默地流泪。

赏析

范仲淹《渔家傲》一词，开篇“塞下秋来风景异，衡阳雁去无留意”一句极力渲染边塞秋季风景的独异，上片写景，描写的自然是塞下的秋景。“四面边声连角起，千嶂里，长烟落日孤城闭”，从视觉听觉等方面表现了边塞地区的萧条寂寥。

起句“塞下秋来风景异”，“塞下”点明了延州所在的区域，“秋来”，点明了季节，“风景异”，概括地写出了延州秋季和内地大不相同的风光。词人是苏

州人，对延州的季节变换，远较北方人敏感，故用一个“异”字概括，这中间含有惊异之意。“衡阳雁去无留意”，雁是候鸟，每逢秋季，北方的雁即飞向南方避寒。“无留意”是说这里的雁到了秋季即向南展翅奋飞，毫无留恋之意，反映了这个地区到了秋天，寒风萧瑟，满目荒凉。反过来说，这个地区秋天的荒凉景象，尽括在“无留意”三字之中，显得笔力遒劲。

下边续写延州傍晚时分的战地景象:“四面边声连角起”。“边声”总指一切带有边地特色的声响，这些声音随着军中的号角声而起，形成了浓厚的悲凉气氛，为下片的抒情蓄势。“千嶂里，长烟落日孤城闭”，上句写延州周围环境，它处在层层山岭的环抱之中；下句联系到对西夏的军事斗争。“长烟落日”，很容易使读者联想起唐代诗人王维的“大漠孤烟直，长河落日圆”，这四字写出了塞外的壮阔风光。而在“长烟落日”之后，紧缀以“孤城闭”三字，气象便不相同。千嶂、孤城、长烟、落日，这是所见；边声、号角声，这是所闻。把所见、所闻诸现象连缀起来，展现在读者眼前的是一幅充满肃杀之气的战地风光画面。特别值得玩味的是“孤城闭”三字，隐隐地透露出宋朝不利的军事形势。宋朝自建立后，就采取重内轻外政策，对内加紧控制，将禁军分驻全国各地，而在边疆上长期疏于警戒，武备松弛。宝元元年（1038 年）西夏元昊称帝，宋廷调兵遣将，扬声讨伐，而事起仓促，将不知兵，兵不知战，以致每战辄败。词人移知延州后，一方面加强军队训练，一方面在延州周围构筑防御工事，始终居于守势，不敢轻易出击，延州局势才暂时稳定下来。就整体形势来说，延州仍处于孤立状态。所以“孤城闭”三字真实地反映了当时的军事态势，反映出宋朝守军力量的薄弱，作为指挥部所在地的城门，太阳一落就关闭起来，表现了形势的严峻。这一句为下片的抒情作了铺垫。

下片起句“浊酒一杯家万里”，是词人的自抒怀抱。他身负重任，防守危城，天长日久，难免起乡关之思。这“一杯”与“万里”数字之间形成了悬殊的对比，也就是说，一杯浊酒，消不了浓重的乡愁，造语雄浑有力。乡愁皆因“燕然未勒归无计”而产生。东汉和帝永元元年，车骑将军窦宪北伐匈奴，大破之，在漠北燕然山刻石记功，由班固执笔，颂汉威德，就是所谓“勒石燕然”。“勒”字此处是雕刻的意思。

“羌管悠悠霜满地”一句描写夜景，在时间上是“长烟落日”的延续。“人不寐”则补叙上句，表明自己彻夜未眠，徘徊于庭。“将军白发征夫泪”，由自己而及征夫总收全词。总之，下片抒情，将直抒胸臆和借景抒情相结合，抒发的是词人壮志难酬的感慨和忧国的情怀。

这首边塞词既表现将军的英雄气概及征夫的艰苦生活，又隐含了对宋王朝重内轻外政策的不满，爱国激情与浓重乡思，兼而有之，构成了将军与征夫思乡却渴望建功立业的复杂而又矛盾的情绪。这种情绪主要是通过全词景物的描写与气氛的渲染，婉转曲折地传达出来。综观全词，意境开阔苍凉，形象生动鲜明，反映出词人耳闻目睹、亲身经历的场景，表达了作者词人和戍边将士们的内心感情，读起来真切感人。

四、荣辱毁誉

1. 无人信高洁，谁为表予心？

原文

在狱咏蝉

骆宾王

西陆蝉声唱，南冠客思深。
那堪玄鬓影，来对白头吟。
露重飞难进，风多响易沉。
无人信高洁，谁为表予心？

译文

深秋时节，寒蝉叫个不停，蝉声把我这囚徒的愁绪带到远方。

怎堪忍受正当玄鬓盛年的好时光，独自吟诵《白头吟》这么哀怨的诗行。

秋露浓重，蝉儿纵使展开双翼也难以高飞，寒风瑟瑟，轻易地把它的鸣唱淹没。

有谁能相信秋蝉是这样的清廉高洁呢？又有谁能为我这个无辜而清正的人申冤昭雪呢？

赏析

《在狱咏蝉》是唐代文学家骆宾王的代表诗作。此诗作于患难之中，诗人歌咏蝉的高洁品行，以蝉比兴，以蝉寓己，寓情于物，寄托遥深，蝉与人浑然一体，抒发了诗人品行高洁却“遭时徽纆”的哀怨悲伤之情，表达了辨明无辜、昭雪沉冤的愿望。

全诗情感充沛、取譬明切、用典自然、语意双关，达到了物我一体的境界，是咏物诗中的名作。

“西陆蝉声唱，南冠客思深。”意思是，秋天蝉声不断，引起了身陷囹圄的诗人的无限愁思。诗人触景生情，情因景生。情感从何而来，是因蝉声而起。该诗用起兴对起开篇，将蝉声与愁思对举，两相映照，下笔自然，工稳端庄。即是咏物，物必在先。首句咏蝉，次句写己。咏物非本意，借物抒情才是目的。西陆，指秋天。《隋书·天文志》载："日循黄道东行，一日一夜行一度，三百六十五日有奇而周天。行东陆谓之春，行南陆谓之夏，行西陆谓之秋，行北陆谓之冬。"南冠，楚国的帽子，指代囚犯，在此指诗人自己。《左传·成公九年》载："晋侯观于军府，见钟仪，问之曰：'南冠而絷者，谁也？'有司对曰：'郑人所献楚囚也。'"因楚国在南方，"南冠"一词，便由此而生，后人借来用以指囚犯。首联两句诗衔接自然，浑然天成。写蝉时，抓住两点：时间是秋，动作是唱。写人时，抓住三点：身份是囚犯，心理活动是愁思，愁思的程度是深。

"那堪玄鬓影，来对白头吟"，承接首联，是隔句相承。第三句承接第一句继续写蝉，第四句承接第二句继续写自己。那堪，承受不了。玄鬓，指蝉，古代妇女将鬓发梳为蝉翼之状，称之"蝉鬓"，这里以"玄鬓"称蝉。白头吟：乐府曲名。据《西京杂记》记载，西汉时著名文学家司马相如与才女卓文君的爱情发生危机，卓文君作《白头吟》诗："凄凄复凄凄，嫁娶不须啼。愿得一心人，白头不相离。"终使司马相如回心转意，两情重归于好。"那堪玄鬓影，来对白头吟"的字面意思是，蝉凄切的悲声仿佛是在一遍遍吟唱卓文君的《白头吟》"凄凄复凄凄"，这声音真让人难以忍受。深层意思是，蝉啊，你不该对着我这鬓发苍白的牢狱之人唱凄凉的歌。你的吟唱正好刺痛了我，引起了我的愁思。骆宾王巧借"白头吟"一语双关，加深了原意。首联写听觉，由蝉及人，闻蝉声而动客思；这一联写视觉，由己及蝉，观玄鬓而自悲伤。蝉是玄鬓，我却白头；我身陷囹圄，它来去自由；它倚树高唱，我独自哀愁。它如今的玄鬓，我过去也曾拥有，别看我现在白发满头！它如今的吟唱，我过去也曾练就，别看现在用铁锁锁紧了我的歌喉！蝉啊，你就是我的从前，你就是我的化身，我何时能脱去囚服像你一样蜕皮羽化，获取自由？这两句诗沉郁深婉，感人至深，令人叹惋。

"露重飞难进，风多响易沉"两句，诗人字字咏蝉，字字借蝉自况。"露重""风多"言环境险恶；"飞难进"言难以进取；"响易沉"言声音难以发出。蝉如此，我和它还会有什么两样？这两句诗至少有两层意思，表层意思是在咏蝉，深层意思是在借物抒怀。在这里，蝉即我，我即蝉。"露重""风多"又特指政治环境险恶；"飞难进"又特指诗人在人生仕途方面难以进取；"响易沉"更特指自己的言论难以发出。诗人结合自己的身世和处境，在选取意象方面十分精妙，露和风两种自然现象既适用于蝉，又适用于人。这里的露和风，一旦入诗，就不是普通的自然现象，而是注入了诗人的情感，由物象转化成了意象。所以，“露重”“风多”就带有强烈的主观色彩。同是咏蝉，处在不同环境的人所选的角度和立意皆不相同。初唐虞世南也有一首咏蝉诗：“垂緌饮清露，流响出疏桐。居高声自远，非是藉秋风。”虞世南身居高位，诗的字里行间迸发出的都是春风得意与踌躇满志，难见半缕愁绪。因冤狱而被投入大牢的骆宾王岂可跟虞世南同日而语。同是写露，在虞诗中用来供蝉饮，在骆诗中则因“露重”而“飞难进”；同是写风，在虞诗中不用“藉”，因蝉已身居高位；在骆诗中则嫌“风多”，自己的声音难以发出。所以二人同咏一物，题材相同，时节相同，却立意迥异。

诗人在写这首诗时，由于感情充沛，功力深至，故虽在将近结束之时，还是力有余劲。第七句再接再厉，仍用比体。“无人信高洁”，秋蝉高居树上，餐风饮露，没有人相信它不食人间烟火。这句诗比喻高洁的品性，不为时人所了解，相反还被诬陷入狱，“无人信高洁”之语，也是对坐赃的辩白。然而正如战国时楚屈原《离骚》中所说：“世混浊而不分兮，好蔽美而嫉妒”。在这样的情况下，没有一个人来替诗人雪冤。“谁为表予心”，意谓：只有蝉能为我而高唱，也只有我能为蝉而长吟。末句用问句的方式，蝉与诗人又浑然一体了。

好诗，不但要有诗眼，以放“灵光”，而且有时须作“龙吟”，以发“仙声”。对照杨炯的《从军行》与杜甫《蜀相》，两诗若无“宁为百夫长，胜作一书生”“出师未捷身先死，长使英雄泪满襟”这样的“龙吟”句殿后，直抒胸臆，剖献“诗心”，则全篇就木然无光了。此诗亦然，尾联诗人愤情冲天，勃发“龙吟”，喷出蕴蓄许久的真情：“无人信高洁，谁为表予心？”遂脱去了前三联罩裹诗句的“蝉身”，使人看到了诗人洁纯无瑕的报国诚心，这颗诚心恰如其诗序中所说，“有目斯开，不以道昏而昧其视；有翼自薄，不以俗厚而易其真。吟乔树之微风，韵姿天纵；饮高秋之坠露，清畏人知”。不以世俗更易秉性，宁饮坠露也要保持“韵姿”。正是这裂帛一问，才使《在狱咏蝉》成为唐诗的卓荦名篇，超然于初唐诸宫体艳诗之上。

2. 千秋万岁名，寂寞身后事

原文

梦李白二首（其二）

杜甫

浮云终日行，游子久不至。
三夜频梦君，情亲见君意。
告归常局促，苦道来不易。
江湖多风波，舟楫恐失坠。
出门搔白首，若负平生志。
冠盖满京华，斯人独憔悴。
孰云网恢恢，将老身反累。
千秋万岁名，寂寞身后事。

译文

天上浮云终日飞来飘去，远游的故人为何久久不至。
夜晚我总是频频梦到你，可知你对我的深情厚谊。
分别时你总是神色匆匆，还总说相见多不容易。
江湖上航行多险恶风浪，担心你的船被掀翻。
出门时搔着满头的白发，悔恨辜负自己的平生之志。
京都的官僚们冠盖相续，才华盖世的你却容颜憔悴。
谁能说天理公道无欺人，迟暮之年却无辜受牵累。
即使有流芳千秋的美名，难以补偿遭受的冷落悲戚。

赏析

此诗前四句写三夜频梦李白。开篇以比兴领起，“浮云终日行，游子久不至”，意思是说浮云可见，而游子（李白）却不可见。《古诗十九首》中有“浮云蔽白日，游子不顾返”。由此引出“三夜频梦君，情亲见君意”，说明诗人对李白思念之深切。与“故人入我梦，明我长相忆”〔杜甫《梦李白二首》（其一）〕一样，这里是从诗人角度切入，表明两人的友情深挚。

“浮云终日行，游子久不至。”见浮云而念游子，是诗家比兴常例，李白也有“浮云游子意，落日故人情”（《送友人》）的诗句。天上浮云终日飘去飘来，天涯故人却久望不至；所幸李白一往情深，魂魄频频前来探访，使诗人得以聊释愁怀。“三夜频梦君，情亲见君意”，与《梦与李白二首》（其一）的“故人入我梦，明我长相忆”互相照应，体现着两人形离神合、肝胆相照的情谊。其实，我见君意也好，君明我忆也好，都是诗人推己及人，抒写自己对故人的一片衷情。

“告归”以下六句，写梦中李白魂返前的幻影：每当辞别之时，李白总是局促不安，不愿离去，并且再三苦苦诉说：“来一趟多么不易啊！江湖上风波险恶，我真怕沉船坠水呢！”他出门离去，总是搔着头上的白发，仿佛是为辜负平生壮志而怅恨！六句中第一、二句写不愿“告归”，依依不舍的神态；第三、四句是李白“恐失坠”的内心独白，写他忧路险、伤坎坷的苦情；第五、六句写他“出门”时的动作，展现他壮志未酬的悠悠心事。真是形可见，声可闻，情可触，李白枯槁惨淡之状，历历在目，令人潸然泪下！

“冠盖”以下六句，是写诗人对李白遭遇坎坷表达了不平之意。你看，在京都长安城里，到处是高冠华盖的达官权贵，唯有李白这样一个大诗人“独憔悴”，困顿不堪，无路可走；甚至在五十九岁的“将老”之年，被放逐夜郎，连自由也失去了！这哪里有“天网恢恢”之事？鲜明的对比，深情的斥责，表现了诗人对李白深切的同情和对恶势力的强烈愤恨！“千秋万岁名，寂寞身后事”，李白的诗才尽管能享千古盛名，但生前遭遇如此凄惨，“身后”寂寞无知，又有何用呢！诗人在这沉重的嗟叹之中，寄托了对李白的崇高评价和深厚同情，也饱含着对自己坎坷命运的无限感慨。

此诗与《梦李白二首》(其一)相呼应。前诗以“死别”发端，此诗以“身后”作结，浑然一体。前诗写初梦，此诗写频梦；前诗写疑幻疑真，此诗写形象清晰；前诗重在关注李白当时处境，此诗则表对他生平遭遇的同情；前诗的忧惧之情独为李白而发，此诗的不平之意兼含诗人的感慨。同为梦李白，题材相同而表现不一，足见诗人高超的诗艺，同时又表达了至真、至诚与至情。

3. 忍把浮名，换了浅斟低唱

原文

鹤冲天

柳永

黄金榜上，偶失龙头望。明代暂遗贤，如何向。未遂风云便，争不恣游狂荡。何须论得丧？才子词人，自是白衣卿相。

烟花巷陌，依约丹青屏障。幸有意中人，堪寻访。且恁偎红倚翠，风流事、平生畅。青春都一饷。**忍把浮名，换了浅斟低唱！**

译文

在黄金榜上，我只不过是偶然失去皇帝的题名。圣明的时代失去了如我一般的贤能之士，未来又会走向何处？既然没有得到好的机遇，为什么不随心所欲地游乐呢！何必为功名患得患失？做一个风流才子为歌姬谱写辞章，即使身着白衣，也不亚于公卿将相。

在歌姬居住的街巷里，有摆放着丹青画屏的绣房。幸运的是那里住着我的意中人，值得我细细地追求寻访。与她们依偎，享受这风流的生活，才是我平生最大的欢乐。青春不过是片刻时间，我宁愿把功名，换成手中浅浅的一杯酒和耳畔低回婉转的歌唱。

赏析

这首词反映了柳永的反叛性格，也带来了他人生路上的重要转折。传说，柳永善作俗词，而宋仁宗颇好雅词。有一次，宋仁宗临轩放榜时想起柳永这首词中那句“忍把浮名，换了浅斟低唱”，就说“且去浅斟低唱，何要浮名”，就这样黜落了柳永。从此，柳永便自称“奉旨填词柳三变”而长期流连于坊曲之间、花柳丛中寻找生活的方向、精神的寄托。

“黄金榜上，偶失龙头望”，柳永对考科举求功名并不满足于登进士第，而是把夺取殿试头名状元作为目标。他将落榜视为“偶然”，将“见遗”说成“暂”，由此可见柳永狂傲自负的性格。他自称“明代遗贤”是讽刺仁宗朝号称清明盛世，却不能做到“野无遗贤”。但既然已落第，下一步该怎么办呢？“风云际会”，施展抱负是封建时代士子的奋斗目标，既然“未遂风云便”，理想落空了，于是他就转向了另一个极端，“争不恣游狂荡”，表示要无拘无束地过那种为一般封建士人所不齿的流连坊曲的狂荡生活。“偎红倚翠”“浅斟低唱”，是对这种“狂荡”的具体说明。柳永这样写，是恃才负气的表现，也是表示抗争的一种方式。科举落第，使他产生了一种逆反心理，只有以极端对极端才能求得心理上的平衡。所以，他故意追求惊世骇俗的效果以保持自己心理上的优势。柳永的“狂荡”之中仍然有着严肃的一面，狂荡以傲世，严肃以自律，这才是“才子词人”“白衣卿相”的真面目。柳永把他内心深处的矛盾想法抒写出来，说明落第这件事情给他带来了多么深重的苦恼和多么繁杂的困扰，也说明他为了摆脱这种苦恼和困扰曾经进行了多么痛苦的挣扎。写到最后，柳永得出结论：“青春都一饷。忍把浮名，换了浅斟低唱！”谓青春短暂，怎忍虚掷，为“浮名”而牺牲赏心乐事。所以，只要快乐就行，“浮名”算不了什么。

4. 九死南荒吾不恨，兹游奇绝冠平生

原文

六月二十日夜渡海

苏轼

参横斗转欲三更，苦雨终风也解晴。
云散月明谁点缀？天容海色本澄清。
空余鲁叟乘桴意，粗识轩辕奏乐声。
九死南荒吾不恨，兹游奇绝冠平生。

译文

参星横，北斗转，已经快到三更时分，久雨不停，终日刮大风，老天爷也应该放晴。

云忽散，月儿明，用不着谁来点缀，青天碧海本来就是澄清明净的。

虽乘船渡大海，空怀孔子救世之志，仿佛听到了黄帝咸池优美的乐声。

被贬南荒，虽然九死一生，我也不遗憾，因为这次远游是我平生最奇绝的经历。

赏析

该诗回顾了诗人被流放到南方的经历，表现了他北归的兴奋之情，九死不悔的倨傲之心和坚强自信、旷达豪放的襟怀。全诗多次运用“比”的手法，韵味深远。

“参横斗转”，描绘了夜间渡海时的所见；“欲三更”，则是据此所作的判断。曹植《善哉行》所言：“月没参横，北斗阑干。”这说明“参横斗转”，在中原是指天快黎明之时的景象。而在海南，则与此不同，王文诰指出：“六月二十日海外之二、三鼓时，则参已早见矣。”这句诗写了景，更写了人。一是表明“欲三更”，黑夜已过去了一大半；二是表明天空是晴朗的，剩下的一小半夜路也不难走。因此，这句诗调子明朗，透露出诗人当时的心境。而在此之前，还是“苦雨终风”，一片漆黑。连绵不断的雨叫“苦雨”，大风叫“终风”。这一句紧承上句而来。诗人在“苦雨终风”的黑夜里不时昂首望天，终于看见了“参横斗转”，于是不胜惊喜地说：“苦雨终风也解晴。”

三、四句，就“晴”字作进一步抒写。“云散月明”，“天容”是“澄清”的；风恬雨霁，星月交辉，“海色”也是“澄清”的。这两句，以“天容海色”对“云散月明”，仰观俯察，形象生动，连贯而下，灵动流畅。而且还用了句内对：前句以“月明”对“云散”，后句以“海色”对“天容”。这四句诗，在结构方面又有共同点：短句分两节，先以四个字写客观景物，后以三个字表主观抒情或评论。唐人佳句，多浑然天成，情景交融。宋人造句，则力求洗练与深折。这四句诗既体现了苏轼诗的特点，也展现了宋代诗的特点。

三、四句看似写景，而诗人意在抒情，抒情中又含议论。就客观景物说，雨止风息，云散月明，写景如绘。就主观情怀说，始而说“欲三更”，继而说“也解晴”；然后又发一问“云散月明”，还有“谁点缀”呢？又意味深长地说“天容海色”，本来是“澄清”的。而这些抒情或评论，都紧扣客观景物，贴切而自然。仅就这一点说，已经是很有艺术魅力的好诗了。

然而上乘之作，还应有言外之意。三、四句，写的是眼前景，语言明净，不会让读者直接觉得它用了典故。但仔细寻味，又“字字有来历”。《晋书·谢重传》载：谢重陪会稽王司马道子夜坐，“于时月夜明净，道子叹以为佳。重率尔曰：‘意谓乃不如微云点缀。’道子戏曰：‘卿居心不净，乃复强欲滓秽太清耶？’”（参看《世说新语·言语》）“云散月明谁点缀”一句中的“点缀”一词，即来自谢重的议论和司马道子的戏语，而“天容海色本澄清”则与“月夜明净，道子叹以为佳”契合。这两句诗，境界开阔，意蕴深远，已经能给读者以美的感受和哲理的启迪；再和这个故事联系起来，就更能让人多一层联想。王文诰就曾说：上句，“问章惇也”；下句，“公自谓也”。“问章惇”的意思是，你们那些“居心不净”的小人掌权，“滓秽太清”，弄得“苦雨终风”，天下怨愤。如今“云散明月”，还有谁“点缀”呢？“公自谓”的意思是，章惇之流“点缀”太空的“微云”既已散尽，天下终于“澄清”，强加于苏轼的诬蔑之词也一扫而空。冤案一经昭雪，苏轼这个被陷害的好人就又恢复了“澄清”的本来面目。从这里可以看出，如果用典贴切就可以丰富诗的内涵，提高语言的表现力。

五、六句转入写“海”。三、四句上下交错，合用一个典故，这两句则显得有变化。

“鲁叟”指孔子。孔子是鲁国人，所以陶渊明有“汲汲鲁中叟”之句，称他为鲁国的老人。孔子曾说过“道不行，乘桴浮于海”（《论语·公冶长》），意思是，我的道在海内无法实行，坐上木筏子漂洋过海，也许能够实行吧！苏轼也提出过改革弊政的方案，但屡受打击，最终被流放到海南岛。在海南岛，“饮食不具，药石无有”，尽管和黎族人民交朋友，做了些传播文化的工作；但作为“罪人”，是不可能谈得上“行道”的。此时渡海北归，回想多年来的苦难历程，就发出了“空余鲁叟乘桴意”的感慨。这句诗，用典相当灵活。它包含的意思是：在内地，他和孔子同样“道不行”。孔子想到海外去行道，却没去成；他虽然去了，并且在那里待了好几年，可是当他离开那儿渡海北归的时候，却并没有什么“行道”的实绩值得欣慰，只不过空有孔子乘桴行道的想法还留在胸中罢了。这句诗，由于巧妙地用了人所共知的典故，因而寥寥数字，就概括了曲折的事，抒发了复杂的情；而“乘桴”一词，又准确地表现了正在“渡海”的情景。“轩辕”即黄帝，黄帝奏乐，见《庄子·天运》：“北门成问于黄帝曰：‘帝张咸池之乐于洞庭之野，吾始闻之惧，复闻之怠，卒闻之而惑；荡荡默默，乃不自得。’”苏轼用这个典故，以黄帝奏咸池之乐形容大海波涛之声，与“乘桴”渡海的情境很合拍。但不说“如听轩辕奏乐声”，却说“粗识轩辕奏乐声”，就又使人联想到苏轼的种种遭遇及其由此引起的心理活动。就是说那“轩辕奏乐声”，他是领教过的；那“始闻之惧，复闻之怠，卒闻之而惑”，他是亲身经历、领会很深的。“粗识”的“粗”，不过是一种诙谐的说法，口里说“粗识”，其实是“熟识”。

尾联推开一步，收束全诗。“兹游”，直译为“这次出游”或“这番游历”，此句首先照应诗题，指代六月二十日夜渡海；但其含义又不仅指这次渡海，还推而广之，指苏轼自惠州贬儋县的全过程。绍圣元年（1094 年），苏轼抵惠州贬所，不得签书公事。他从绍圣四年（1097 年）六月十一日与苏辙诀别，登舟渡海，到元符三年（1100 年）六月二十日渡海北归，在海南岛度过了长达三年的流放生涯。这就是所谓“兹游”。下句的“兹游”与上句的“九死南荒”并非孤立的两个概念，“九死南荒”即包含于“兹游”之中，不过“兹游”的内容更大一些，它还包含此诗前六句所写的一切。

弄清了“兹游”的内容及其与“九死南荒”的关系，就可体会到尾联的韵味。“九死”意味着多次死去。“九死南荒”而“吾不恨”，是由于“兹游奇绝冠平生”，看到了海内看不到的“奇绝”景色。然而“九死南荒”，全出于政敌的迫害；他固然达观，但也不可能毫无恨意。因此，“吾不恨”毕竟是诗的语言，不宜仅从字面理解。这句既含蓄又幽默，对政敌的调侃之意也见于言外。

第二节 引经据典：古文名句蕴含的修身理政治国思想

历史是最好的教科书。习近平曾指出：“一个民族、一个国家，必须知道自己是谁，是从哪里来的，要到哪里去，想明白了、想对了，就要坚定不移朝着目标前进。”① 中华文化源远流长，积淀着中华民族最深层的精神追求，代表着中华民族独特的精神标识。“先天下之忧而忧，后天下之乐而乐”的政治抱负，“苟利国家生死以，岂因祸福避趋之”的报国情怀，“富贵不能淫，贫贱不能移，威武不能屈”的浩然正气，“鞠躬尽瘁，死而后已”的献身精神等，都传承着中华民族的精神基因，这是我们最深厚的文化软实力。

党的十八大以来，习近平总书记的一系列重要讲话、文章、访谈等，人们爱听、爱读、爱看。问渠那得清如许，为有源头活水来，习近平总书记的语言之所以引人入胜，一个重要原因就在于他善于运用古代典籍和经典名句。从诸子百家到唐诗宋词，从孔子到毛泽东，文章旁征博引、画龙点睛，总是给人以思想启迪和精神激荡。

一、初心使命

1. 天下之难持者莫如心，天下之易染者莫如欲

当前，少数党员、干部自我革命精神淡化，安于现状、得过且过；有的检视问题能力退化，患得患失、讳疾忌医；有的批评能力弱化，明哲保身、装聋作哑；有的骄奢腐化，目中无纪甚至顶风违纪，违反党的纪律和中央八项规定精神问题屡禁不止。古人说：“天下之难持者莫如心，天下之易染者莫如欲。”一旦有了“心中贼”，自我革命意志就会衰退，就会违背初心、忘记使命，就会突破纪律底线甚至违法犯罪。②

——2020 年 1 月 8 日，习近平同志在“不忘初心、牢记使命”主题教育总结大会上的讲话

2020 年 1 月 8 日，在“不忘初心、牢记使命”主题教育总结大会上，习近平总书记引用这句古语，旨在强调不忘初心、牢记使命，必须以正视问题的勇气和刀刃向内的自觉不断推进党的自我革命。他还借明代心学大师王阳明的

① 习近平：《青年要自觉践行社会主义核心价值观——在北京大学师生座谈会上的讲话》，人民出版社，2014，第 8 页。

② 习近平：《在“不忘初心、牢记使命”主题教育总结大会上的讲话》，《人民日报》2020 年 1 月 9 日。

“破山中贼易，破心中贼难”指出：“一旦有了‘心中贼’，自我革命意志就会衰退，就会违背初心、忘记使命，就会突破纪律底线甚至违法犯罪。”以此告诫全党同志，初心易得，始终难守。

原典

“天下之难持者莫如心，天下之易染者莫如欲”，出自朱熹辑录先贤语录的《论孟精义》，原文是北宋理学家吕希哲写给皇帝的一段话。

释义

这句话大意是说，天下最难把持的是人的内心，天下最容易受到沾染的是人的欲望。在《四书或问》中，朱熹这样评价吕希哲的这句话：“吕侍讲所谓‘天下之难持者莫如心，天下之易染者莫如欲’，其亦善矣。”

2. 君子之过也，如日月之食焉：过也，人皆见之；更也，人皆仰之。

不忘初心、牢记使命，必须以正视问题的勇气和刀刃向内的自觉不断推进党的自我革命。“君子之过也，如日月之食焉：过也，人皆见之；更也，人皆仰之。”敢于直面问题、勇于修正错误，是我们党的显著特点和优势。列宁说过：“公开承认错误，揭露犯错误的原因，分析产生错误的环境，仔细讨论改正错误的方法——这才是一个郑重的党的标志”。强大的政党是在自我革命中锻造出来的。回顾党的历史，我们党总是在推动社会革命的同时，勇于推动自我革命，始终坚持真理、修正错误，敢于正视问题、克服缺点，勇于刮骨疗毒、去腐生肌。正因为我们党始终坚持这样做，才能够在危难之际绝处逢生、失误之后拨乱反正，成为永远打不倒、压不垮的马克思主义政党。①

——2020 年 1 月 8 日，习近平同志在“不忘初心、牢记使命”主题教育总结大会上的讲话

原典

《论语 · 子张》。

释义

这句话出自孔子的弟子子贡说的一句话。大意是说，君子的过错就像天上的日食和月食一样，他犯了错误，人们都看得见。他改正了错误，人们也照样会景仰他。人谁无过，过而能改，善莫大焉。对一个人来说如此，对一个政党来说同样如此。中国共产党的伟大不在于不犯错误，而在于从不讳疾忌医，敢

① 习近平：《在“不忘初心、牢记使命”主题教育总结大会上的讲话》，《人民日报》2020 年 1 月 9 日。

于直面问题，勇于自我革命，具有极强的自我修复能力。

3. 君子之德风，小人之德草，草上之风必偃。

不忘初心、牢记使命，必须坚持领导机关和领导干部带头。领导机关是国家治理体系中的重要机关，领导干部是党和国家事业发展的“关键少数”，对全党全社会都具有风向标作用。“君子之德风，小人之德草，草上之风必偃。”在上面要求人、在后面推动人，都不如在前面带动人管用。不忘初心、牢记使命，领导机关和领导干部必须做表率、打头阵。①

——2020年1月8日，习近平同志在“不忘初心、牢记使命”主题教总结大会上的讲话

原典

《论语·颜渊》。

释义

这句话大意是说，君子（执政者）的道德品质好比是风，小人（平民百姓）的道德品质好比是草，风向草吹去，草必定会随风倾伏，强调了领导做好垂范表率的重要性。

4. 人不率则不从，身不先则不信。

“人不率则不从，身不先则不信。”领导机关和领导干部带头冲在前、干在先，是我们党走向成功的关键。革命战争年代，喊一声“跟我上”和吼一声“给我上”，一字之差、天壤之别。新中国成立以后，也是因为我们党有一大批像焦裕禄、谷文昌、杨善洲、张富清这样的英雄模范率先垂范，才团结带领人民群众不断开创各项事业发展新局面。②

——2020年1月8日，习近平同志在“不忘初心、牢记使命”主题教总结大会上的讲话

原典

《宋史·宋祁传》。

释义

如果自身不能作出表率，就无法让别人听从；如果不能以身作则，就不会

① 习近平:《在“不忘初心、牢记使命”主题教育总结大会上的讲话》,《人民日报》2020年1月9日。

② 同上。

使别人信服。要求别人做到的首先自己做到，要求别人不做的自己坚决不做。这是习近平总书记一直所秉持的理念。在当前复杂的国内外形势下，面对繁重的改革发展稳定任务，领导机关和领导干部必须要做表率、打头阵，奋勇当先、实干担当，充分发挥模范带头作用。只有这样，才能更好地做到不忘初心、牢记使命，才能团结带领人民群众不断开创各项事业发展新局面。

二、治国理政

1. 一丝一粒，我之名节；一厘一毫，民之脂膏。宽一分，民受赐不止一分；取一文，我为人不值一文。谁云交际之常，廉耻实伤；倘非不义之财，此物何来？

我一直讲“从善如登，从恶如崩”，思想的口子一旦打开，那就可能一泻千里。干部不论大小，都要努力做到慎独慎初慎微，“不以恶小而为之”。兰考历史上出了一个有名的清官张伯行。他历任福建巡抚、江苏巡抚、礼部尚书，为谢绝各方馈赠，专门写了一篇《却赠檄文》，其中说道：“一丝一粒，我之名节；一厘一毫，民之脂膏。宽一分，民受赐不止一分；取一文，我为人不值一文。谁云交际之常，廉耻实伤；倘非不义之财，此物何来？”我看，这也可以作为一面镜子。①

——2014年3月18日，习近平同志在河南省兰考县委常委扩大会议上的讲话

理想信念动摇是最危险的动摇，理想信念滑坡是最危险的滑坡。这绝不是危言耸听。而这样的滑坡和动摇，往往是从小事开始的。习近平同志还曾以“贪如火，不遏则自焚；欲如水，不遏则自溺”“堤溃蚁穴，气泄针芒”“苟非吾之所有，虽一毫而莫取”等语，提出过同样峻切的警思。

原典

张伯行《禁止馈送檄》：“一丝一粒，我之名节；一厘一毫，民之脂膏。宽一分，民受赐不止一分；取一文，我为人不值一文。谁云交际之常，廉耻实伤；倘非不义之财，此物何来？”

释义

张伯行（1652—1725年），河南仪封（今河南兰考）人，曾任福建巡抚、江苏巡抚、礼部尚书。他清廉刚直，从不收受礼物，极力反对以馈赠之名，行

① 人民日报评论部：《习近平讲故事》，人民出版社，2017，第12页。

贿赂之实，被康熙誉为“天下第一清官”。

张伯行在福建巡抚任上，为拒绝送礼者，特地撰写了一篇《禁止馈送檄》，张贴于居所院门及巡抚衙门。那些送礼者见此犀利檄文，不敢自讨没趣，便悄然离开。这篇檄文也不胫而走，广为传诵，被视作为政清廉的“金绳铁矩”。

这篇《禁止馈送檄》，全文仅56字，共用了8个“一”字，阐述了关心百姓疾苦、注重个人名节、反对送礼行贿的主张。“一丝一粒”虽小，却关乎我的名节；“一厘一毫”虽微，却都是民脂民膏。对百姓宽待一分，那么百姓所得就不止一分；向百姓多索取一文，那么我的为人便一文不值。这体现了廉洁奉公的做人原则与道德操守。

2. 祸患常积于忽微，而智勇多困于所溺。

正视和解决自身存在的问题需要勇气，但这样做最主动。“祸患常积于忽微，而智勇多困于所溺。”养成勤正衣冠的习惯，能收到防微杜渐之效，能有效避免“积羽沉舟，群轻折轴”。①

——2013年6月18日，习近平同志在党的群众路线教育实践活动工作会议上的讲话

作风问题无小事，小问题置之不管，也会酿成大问题。对此，习近平同志有着清醒认识，他在不同场合强调，“小洞不补，大洞吃苦”“积羽沉舟，群轻折轴”。无论是改作风，还是反腐败，“大问题要抓，小问题也要抓”都是一以贯之的治理思路。从反对公款送节礼，到打击会所歪风，再到根除“舌尖上的腐败”，雷霆万钧的行动，展示出不弃微末的决心。从小事情切入，铁面问责、刚性约束、严格执纪，让制度成为“带电的高压线”，让纪律成为不可逾越的“红线”。

原典

欧阳修《新五代史·伶官传序》：“《书》曰：‘满招损，谦得益。’忧劳可以兴国，逸豫可以亡身，自然之理也。故方其盛也，举天下之豪杰，莫能与之争；及其衰也，数十伶人困之，而身死国灭，为天下笑。夫祸患常积于忽微，而智勇多困于所溺，岂独伶人也哉！作《伶官传》。”

释义

上文为欧阳修为《新五代史·伶官传》所作序言的结语。伶官为封建宫廷

① 中共中央文献研究室、中央党的群众路线教育实践活动领导小组办公室编《习近平关于党的群众路线教育实践活动论述摘编》，党建读物出版社、中央文献出版社，2014，第30页。

中授有官职的伶人。《伶官传》是后唐庄宗李存勖所宠幸的伶官景进、史彦琼、郭门高等人的一篇合传。在《伶官传序》中，欧阳修通过对后唐庄宗励精图治得天下、宠信伶人失天下的典型事例，阐述了国家盛衰主要由人事决定的道理。

“祸患常积于忽微，而智勇多困于所溺。”这句话的意思是，祸患常常是由一些微小的失误累积而成的，而人的智慧和勇气常常被他们所沉迷的事物所束缚。接着作者用一句“岂独伶人也哉”拓宽了文章的内涵，使唐庄宗因宠爱伶人而导致国破身亡的历史教训具有了普遍的警示意义。英格兰有一首古老的民谣：“少了一枚铁钉，掉了一只马掌；掉了一只马掌，丢了一匹战马；丢了一匹战马，败了一场战役；败了一场战役，丢了一个国家。”这首民谣讲述的是因少了一枚铁钉，致使英格兰国王理查三世在波斯沃斯战役中惨败。看来，祸患积于忽微，古今中外，概莫能外。

3. 政者，正也。其身正，不令而行；其身不正，虽令不从。

当官就不要发财，发财就不要当官，这是两股道上跑的车。对领导干部配偶和子女等经商办企业，党纪国法都有明确规定，问题是没有落实好。对领导干部，要求就是要严一些，正所谓“其身正，不令而行；其身不正，虽令不从”。①

——2015年3月5日，习近平同志在参加十二届全国人大三次会议上海代表团审议时的讲话

在我国历史上，注重修身立德、为官清廉，是许多思想家倡导的政治主张，也是一些正直的士大夫终身恪守的为官准则。习近平同志在不同场合，引用先秦时期为政以廉的箴言，要求领导干部有公正无私、以身作则、言行一致的优良品质。广大群众的眼睛是雪亮的，不但要看领导干部怎么说，更要看他们怎么做。要在群众中威信高、影响大，一个重要方面就是发挥自身的模范作用、人格魅力。否则，“台上他说，台下说他”，说话办事怎么会有影响力和号召力？

原典

《论语·颜渊》：“季康子问政于孔子。孔子对曰：‘政者，正也。子帅以正，孰敢不正？’”

《论语·子路》：“子曰：‘其身正，不令而行；其身不正，虽令不从。’”

① 中共中央纪律检查委员会、中共中央文献研究室编《习近平关于严明党的纪律和规矩论述摘编》，中央文献出版社、中国方正出版社，2016，第103页。

释义

孔子这两段话都说明了为政者自身行为端正的重要性。在《论语·颜渊》中，鲁国大夫季康子向孔子问政，孔子回答："政者，正也。子帅以正，孰敢不正？"孔子认为"政"就是端正的意思。你自己带头端正，谁还敢不端正呢？对于什么是政治，孔子用一个"正"字概括。

关于"正"，孔子在《论语·子路》中有如下观点："其身正，不令而行；其身不正，虽令不从。"孔子认为，为政者如果自身的行为端正，无须下命令，百姓也会按他的意旨去做；如果自身行为不端，即使三令五申，百姓也不会服从。身正民行，上感下化，才能施不言之教，对百姓产生潜移默化的影响。

在《史记·李将军列传》中，司马迁在评价西汉"飞将军"李广时，引用了孔子这句话："《传曰》'其身正，不令而行；其身不正，虽令不从'。其李将军之谓也。……谚曰'桃李不言，下自成蹊'。此言虽小，可以谕大也。""桃李不言，下自成蹊"，就是对"其身正，不令而行"的最佳诠释。

三、人民至上

1. 人视水见形，视民知治不。

司马迁在《史记》中说："人视水见形，视民知治不。"说的是人从水中能看到自己的形象，观察人民就能知道治理得好不好。每个党员、干部都要主动把自己置于社会和群众监督之下。改什么、怎样改、改得怎么样，要让群众看清楚。[①]

——2014年1月20日，习近平总书记在党的群众路线教育实践活动第一批总结暨第二批部署会议上的讲话

人民，常常被比为载舟的水，喻为种子的土地，视为枝叶的根本。对于执政者，人民的重要性无论怎样强调也不为过。正因此，党的十八大部署在全党范围内开展党的群众路线教育实践活动，重拾党的优良传统，重申党群血肉联系。这样一次以密切联系群众为主旨的党内教育活动，不可能把群众关在门外，不管是教育实践活动，还是其他各项工作，让群众参与、受群众监督、请群众评判，多照照群众这面镜子，多比比群众这把尺子，才能真正回答好"依靠谁、为了谁"的问题。

① 中共中央文献研究室、中央党的群众路线教育实践活动领导小组办公室编《习近平关于党的群众路线教育实践活动论述摘编》，党建读物出版社、中央文献出版社，2014，第62页。

原典

司马迁《史记·殷本纪》："汤征诸侯。葛伯不祀，汤始伐之。汤曰：'予有言：人视水见形，视民知治不。'伊尹曰：'明哉！言能听，道乃进。君国子民，为善者皆在王官。勉哉，勉哉！'汤曰：'汝不能敬命，予大罚殛之，无有攸赦。'作汤征。"

释义

这段话出自司马迁《史记·殷本纪》。殷，即商，中国历史上第二个朝代，其开国君主为成汤。公元前1620年，成汤征讨不祭祀的诸侯葛伯。他对伊尹说："人视水见形，视民知治不。"不，同"否"。意思是，人从水中可以看到自己的形象，从百姓精神面貌可以知道国家治理状况。简而言之，就是"以民情为镜"。这是有据可查的最早的"镜子论"。

成汤的"镜子论"表明，早在中国奴隶社会时期就已将民情状况作为衡量统治好坏的标准。此后，"以人为镜"的观念被历代开明统治者所接受。《诗经·大雅》中有"殷鉴不远，在夏后之世"。《大戴礼记》曰："明镜者，所以察形也；往古者，所以知今也。"唐太宗李世民将"镜子论"进一步发扬。据《新唐书》记载，直言敢谏的魏征去世后，唐太宗感叹："以铜为鉴，可正衣冠；以古为鉴，可知兴替；以人为鉴，可明得失。朕尝保此三鉴，内防己过。今魏征逝，一鉴亡矣。"

2. 但愿苍生俱饱暖，不辞辛苦出山林。

古往今来，许多有作为的"官"都以关心百姓的疾苦为己任。从范仲淹的"先天下之忧而忧，后天下之乐而乐"，到郑板桥的"些小吾曹州县吏，一枝一叶总关情"；从杜甫的"安得广厦千万间，大庇天下寒士俱欢颜"，到于谦的"但愿苍生俱饱暖，不辞辛苦出山林"，都充分说明心无百姓莫为"官"。[①]

习近平同志在不同场合都说过，"心无百姓莫为官"。为官一任，就要造福一方；手握公权，就要为民办事。否则，啥也不能做，为啥选你？啥也不干，要你干啥？民生不是抽象空洞的理念，应该落实为群众实实在在的利益，这考验着领导干部的责任担当。

一个人为什么当官？这个问题看似简单，却有着基础性的意义。这个问题解决好了，后面的许多困惑，比如抱怨待遇低、埋怨进步慢等等就可能迎刃而解。

① 习近平：《心无百姓莫为"官"》，载《浙江日报》，2004年1月5日。

原典

咏煤炭

于谦

凿开混沌得乌金，藏蓄阳和意最深。
爝火燃回春浩浩，洪炉照破夜沉沉。
鼎彝元赖生成力，铁石犹存死后心。
但愿苍生俱饱暖，不辞辛苦出山林。

释义

《咏煤炭》是明代名臣于谦所作的一首咏物诗。诗人以煤炭自喻，托物言志，抒发了自己甘为国家“鞠躬尽瘁、死而后已”的抱负和情怀。

首联开门见山，咏煤点题。乌金，煤炭。阳和，和暖的阳光，借指煤炭的热能。意思是，开凿出来的煤炭，蓄藏着巨大的热量。颔联于写物中抒怀。爝，火把。意为煤炭燃烧给人们带来温暖，就像春回大地一般，炉火熊熊照亮沉沉的黑夜。颈联仍从煤炭的作用方面设喻。鼎彝，帝王宗庙的祭器。铁石，古人认为煤炭是铁石变的，喻诗人坚贞不变的决心。人要以社稷为重，并表示自己至死也要为国家做贡献。尾联“但愿苍生俱饱暖，不辞辛苦出山林”，是作者为民效力愿望的真诚袒露，堪与杜甫“大庇天下寒士俱欢颜”媲美。

3. 些小吾曹州县吏，一枝一叶总关情。

小官有大作用。习近平同志多次强调基层干部的作用。2013 年 11 月 26 日，他在菏泽市座谈时，还特意给在场的市、县委书记们念了一副对联：“得一官不荣，失一官不辱，勿道一官无用，地方全靠一官；穿百姓之衣，吃百姓之饭，莫以百姓可欺，自己也是百姓。”他说，封建时代官吏尚有这样的认识，今天我们共产党人应该比这个境界高得多。

原典

潍县署中画竹呈年伯包大中丞括

郑燮

衙斋卧听萧萧竹，疑是民间疾苦声。
些小吾曹州县吏，一枝一叶总关情。

释义

这是清代“扬州八怪”之一郑燮（号板桥）的一首题画诗，是他在潍县知县任上赠给署理山东巡抚包括的，约创作于乾隆十一、十二年。当时山东大涝，潍县尤烈，饿殍遍野。郑板桥即令“大兴修筑，招远近饥民赴工就食”。有人提出应先上报朝廷，他断然拒绝道：“此何时？俟辗转申报，民无孑遗矣。有谴，我任之！”

这首诗巧妙地以竹声作引，托物取喻。首句写自己在衙署书房内休息，听到窗外风吹竹叶之声。一个“听”字，凸显了作者忧心如焚、夜不成寐的心境。次句由自然界的风竹之声联想到百姓啼饥号寒的疾苦。一个“疑”字，道出了作者的爱民之心与勤政之意。第三句“些小吾曹州县吏”，是说我们只是小小的州县官。些小，微小。吾曹，我辈，指自己和包括。第四句，“一枝一叶”表面咏竹，暗喻民间疾苦，既照应了风竹画和诗题，又寄寓了作者深厚的情感：百姓的冷暖安危时刻牵动着我们的心！

四、立德修身

1. 当官之法，惟有三事，曰清、曰慎、曰勤。

领导干部干干净净干事是马克思主义政党性质和宗旨的内在要求。在我国历史上，注重修身立德、为官廉洁，是许多思想家倡导的政治主张，也是一些正直的士大夫终身恪守的为官准则。早在先秦时期，我们的祖先就有为政以廉的劝诫。管子讲，礼、义、廉、耻，国之四维，“四维不张，国乃灭亡”。孔子说：“政者，正也。”“其身正，不令而行；其身不正，虽令不从”，他把“欲而不贪”作为为政的必备条件。南宋吕本中在他所著的《官箴》中说：“当官之法，惟有三事，曰清、曰慎、曰勤”。其中的“清”，指的就是清廉，即清清白白、干干净净。[①]

清，指的是清廉，公正廉洁，两袖清风；慎，指的是慎重，周密考虑，谨言慎行；勤，指的是勤勉，勤奋好学，刻苦上进。习近平同志强调领导干部要正确使用手中权力，必须能够做到守得住清贫、耐得住寂寞、稳得住心神、经得住考验，严守党纪国法；自觉做到秉公用权、不以权谋私，依法用权、不假公济私，廉洁用权、不贪污腐败；要有强烈的事业心和高度责任感，想干事、肯干事、能干事、干成事，为工作尽心尽力、尽职尽责、忘我奉献，真正做到为党和人民的事业鞠躬尽瘁。

原典

吕本中《官箴》：“当官之法，惟有三事：曰清、曰慎、曰勤。知此三者，

① 习近平：《领导干部要认认真真学习 老老实实做人 干干净净干事》，载《学习时报》，2008年5月26日。

可以保禄位，可以远耻辱，可以得上之知，可以得下之援。”

释义

吕本中，南宋诗人，历官中书舍人，权直学士院。其所著《官箴》共三十三条。首条开头云：“当官之法，惟有三事：曰清、曰慎、曰勤。”他认为当官的法则，只有三条，即清廉、谨慎、勤勉。遵守这三条法则，就可以保住官位，可以远离耻辱，可以得到上司的赏识，可以得到下属的拥戴。

关于吕氏《官箴》，《四库全书总目提要》称：“故此书多阅历有得之言，可以见诸实事。书首即揭清、慎、勤三字，以为当官之法，其言千古不可易。王士祯《古夫于亭杂录》曰：‘上尝御书清、慎、勤三大字，刻石赐内外诸臣。案此三字，吕本中《官箴》中语也。’是数百年后，尚蒙圣天子采择其说，训示百官，则所言中理可知矣。……虽篇帙无多，而词简义精，固有官者之龟鉴也。”文中提到的“上”，为康熙皇帝。另据清代史学家赵翼的《陔馀丛考》记载：“各衙署讼堂多书清、慎、勤三字作匾额。”说明“清、慎、勤”业已成为清朝通用的“官箴”。故近代学者梁启超在《新民说》第五节“论公德”中称：“近世官箴最脍炙人口者三字，曰清、慎、勤。”

2. 取法于上，仅得为中；取法于中，故为其下。

标准决定质量，有什么样的标准就有什么样的质量，只有高标准才有高质量。“取法于上，仅得为中；取法于中，故为其下。”二〇〇八年，在深入学习实践科学发展观活动中，我联系浙江嘉善县。当时，县里的同志对我说，活动期间因为一手抓活动一手抓日常业务，很多机关工作量大大增加，但工作质量不仅没有因此下降反而明显提高。我当时就说，归结起来，就是因为工作标准提高了。这说明，确立什么样的标准，决定着有什么样的成效。党员的党性有没有标准？干部的作风有没有标准？都是有的。但是，为什么党员、干部的党性和作风有优劣高下之分呢？区别就在是不是坚持标准、按标准行事。这些年，针对改进作风，各级发的文件、定的制度还少吗？但为什么“四风”仍然在一些地方大行其道呢？原因还是在标准不高、执行不严。①

标准是一面镜子。标准高一点、要求严一点，镜子的“分辨率”就会高一些，那些“不是问题的问题”才能纤毫毕现。无论是在教育实践活动中，还是在平时的工作中，标准决定质量，有什么样的标准，就有什么样的质量。有了高的标准，大家就会用这样的标准要求自己；而一旦放松了标准，就容易一泻

① 习近平：《在河南省兰考县委常委扩大会议上的讲话》，见《做焦裕禄式的县委书记》，中央文献出版社，2015，第36-37页。

千里。正如习近平同志所引用的这句古语所言，确立什么样的标准，决定着有什么样的成效。

原典

李世民《帝范》："古人有云：非知之难，惟行之不易。行之可勉，惟终实难。是以暴乱之君，非独明于恶路；圣哲之主，非独见于善途。良由大道远而难遵，邪径近而易践。小人俯从其易，不得力行其难，故祸败及之。君子劳处其难，不能力居其易，故福庆流之。……取法于上，仅得为中；取法于中，故为其下。"

释义

《帝范》是唐太宗李世民自撰的一部论述为君之道的政治文献，成书于贞观二十二年（648 年）。李世民告诉太子李治："饬躬阐政之道，皆在其中，朕一旦不讳，更无所言。"不讳，死亡的婉辞。书中，唐太宗对为政者的个人修养、选任和统御下属的学问，乃至经济、民生、教育、军事等事务都做了颇有见地的阐述。"取法于上，仅得为中；取法于中，故为其下。"意为：以上等作为标准，只能收到中等的效果；以中等作为标准，只能收到下等的效果。《四库全书》本文下释为："孔子曰：取法于天而则之，斯为其上。颜、孟取法于孔子而近之，才得其中。后儒取于颜、孟而远之，则为其下矣。既为其下，何足法乎？为儒者当取法孔子、颜子、孟子，为君者当取法于尧、舜、文王。"南宋文学批评家严羽在《沧浪诗话》中也有类似的阐述："学其上，仅得其中；学其中，斯为下矣。"可见，无论立事还是治学，一定要放宽视野，高定标准，这样才能实现预期目标。

3. 修其心治其身，而后可以为政于天下。

俗话讲，做官先做人，做人先立德；德乃官之本，为官先修德。还有，"百行以德为首"，"修其心治其身，而后可以为政于天下"等等，这些讲的都是做人与做官、修身与立德的道理。古往今来，为官者"不患无位而患德之不修"，"不患位之不尊，而患德之不崇"。在历史的长河中，那些帝国的崩溃、王朝的覆灭、执政党的下台，无不与其当政者不立德、不修德、不践德有关，无不与其当权者作风不正、腐败盛行、丧失人心有关。①

在中国传统文化中，"修齐治平"既是进行道德教育和践履的理论体系，也是提高道德修养的最高境界和根本目的。这在《礼记·大学》中有非常完整

① 习近平：《之江新语》，浙江人民出版社，2007，第 258 页。

的论述。由内及外，从个体到家庭再到国家、天下，个体道德在外化过程中不断完善、充实，达到化成天下的境界。换言之，先有修心治身的道德，后有经世治国的政德。

党员干部要注重修身养德，自觉陶冶道德情操，把“做官”与“做人”统一起来，把“立言”与“立行”统一起来。唯其如此，做人做事才会有强大的人格魅力和道德感召力。

原典

王安石《洪范传》：“五行，天所以命万物者也，故‘初一曰五行’。五事，人所以继天道而成性者也，故‘次二曰敬用五事’。五事，人君所以修其心、治其身者也，修其心治其身，而后可以为政于天下，故‘次三曰农用八政’。”

释义

《洪范传》是北宋政治家、文学家王安石的重要哲学著作。王安石通过为《尚书·洪范》作传注的形式，阐述了天人不相干、灾异不足畏的思想。关于治国理政之道，王安石主张“修其心治其身，而后可以为政于天下”。意思是，君主要先修心治身，充实德行，而后才能理政治国平天下。

在中国传统哲学观中，“修齐治平”是完整的人格成就路径。《礼记·大学》说：“古之欲明明德于天下者，先治其国；欲治其国者，先齐其家；欲齐其家者，先修其身；欲修其身者，先正其心；欲正其心者，先诚其意；欲诚其意者，先致其知；致知在格物。”修身是格物、致知、诚意、正心的落脚点，又是齐家、治国、平天下的出发点。在古人看来，任何设计严密的政治体系，最终均需落实到个人。所以，对为政者而言，个人修养水平至关重要，可以说是安邦治国的基础所在。

五、创新奋斗

1. 苟日新，日日新，又日新。

拿我国来说，中华民族是富有创新精神的民族。我们的先人们早就提出：“周虽旧邦，其命维新。”“天行健，君子以自强不息。”“苟日新，日日新，又日新。”可以说，创新精神是中华民族最鲜明的禀赋。在5000多年文明发展进程中，中华民族创造了高度发达的文明，我们的先人们发明了造纸术、火药、印刷术、指南针，在天文、算学、医学、农学等多个领域创造了累累硕果，为世界贡献了无数科技创新成果，对世界文明进步影响深远、贡献巨大，也使我国长期居于世界强国之列。①

——2014年6月9日，习近平在中国科学院第十七次院士大会、中国工程院第十二次院士大会上的讲话

"苟日新，日日新，又日新。"这可能是在谈及创新问题时，被引用得最为广泛的一句话了。习近平同志在与青年代表座谈、全国政协新年茶话会、布鲁日欧洲学院演讲、院士大会等多个场合引用了这句话。这句简洁隽永的古语，折射出不断更新自己、主动适应时代、积极推动发展的向上朝气，沉淀为中华民族思想观念的精髓。这样的观念，表现于文字，潜藏在心灵，塑造着气质，决定着命运。在历史的关键节点，这样的创新意识往往会迸发出来，成为推动社会进步的强大力量。创新精神，这一中华民族鲜明的禀赋、中华文化深沉的内蕴，正是我们不断创新的思想源泉。

原典

《礼记·大学》："汤之《盘铭》曰：'苟日新，日日新，又日新。'"

释义

"苟日新，日日新，又日新"是商朝的开国君主成汤刻在澡盆上的警辞，旨在激励自己自强不息，创新不已。文中三个"新"字，本义是指洗澡除去肌肤上的污垢，使身体焕然一新，在这里引申为精神上的弃旧图新。因此，这句话的意思是：如果能每天除旧更新，就要持之以恒。

"苟日新，日日新，又日新"从动态角度来强调不断革新。"创新"一词即发源于此。可见，中国传统文化是比较强调创新的，要求人们以一种革新的姿态，适应并推动社会发展，而不能因循守旧，阻挡历史前进的步伐。

将洗澡引申为精神上的洗礼、品德上的修炼，在中国文化中比较普遍。古之圣人，欲养性必先修身，欲清心必先洁体，如《庄子·知北游》中的"澡雪而精神"。《礼记·儒行》也称"儒有澡身而浴德"。唐代经学家孔颖达疏："'澡身而浴德'者，澡身谓能澡洁其身，不染浊也；浴德谓沐浴于德，以德自清也。"党的十八大后，党的群众路线教育实践活动的总要求是"照镜子、正衣冠、洗洗澡、治治病"，其中"洗洗澡"便蕴含着中国传统文化的深刻内涵。

2. 不日新者必日退。

今天，宣传思想工作的社会条件已大不一样了，我们有些做法过去有效，

① 习近平：《在中国科学院第十七次院士大会、中国工程院第十二次院士大会上的讲话》，人民出版社，2014，第3-4页。

现在未必有效；有些过去不合时宜，现在却势在必行；有些过去不可逾越，现在则需要突破。“不日新者必日退。”“明者因时而变，知者随事而制。”做好宣传思想工作，比以往任何时候都更加需要创新。①

——2013 年 8 月 19 日，习近平在全国宣传思想工作会议上的讲话

如果你所用的技术不如别人的先进，如何在纷繁复杂中把握主流？如果你采取的方法不如别人的有效，如何在众声喧哗中加强引导？如果你抱持的理念不如别人的高明，又谈何在多元多样中占据主导？抱残守缺、故步自封不可取，必须吐故纳新、与时俱进，在创新中赢得主动权。

原典

《二程集·河南程氏遗书》:“君子之学必日新，日新者日进也。不日新者必日退，未有不进而不退者。”

释义

“二程”，即程颢、程颐兄弟，二人开创“洛学”，为北宋理学的奠基者。《二程集》汇集了程颢、程颐的全部著作，其中“遗书”是弟子们记下的二程语录，后来由朱熹加以综合编定。

“君子之学必日新，日新者日进也。不日新者必日退，未有不进而不退者”，为程颐之语。他认为，君子学习一定要做到日新，日新就是每一天都要有进步。清人张伯行释曰:“君子之为学也，必刻励其功，濯旧见以来新机，使其所得有日新之益。……若不日新，便是心有间断，私欲相乘，非昏则倦，日退必矣。未有半上落下，能站得住，不进而不退者。”这与《增广贤文》中的“学如逆水行舟，不进则退”一样，都阐述了不断进取的重要性。

古人尚且如此，在日新月异的现代社会，我们处于瞬息万变的环境之中，要跟上时代节拍，更须积极进取、奋发前行、与时俱进。

第三节 思想启迪：中国古典诗词与名言的德育价值

一、中国古典诗词与名言德育价值的内在逻辑

古典诗词与名言是中华优秀传统文化中的重要组成部分，具有德育价值，

① 中共中央文献研究室编《习近平关于全面深化改革论述摘编》，中央文献出版社，2014，第 84 页。

并可以运用于当代道德教育。

中国古典诗词、名言与德育之间有一定的内在关联，作为中华优秀传统文化的瑰宝，其灵魂在于“思无邪”，即真实而自由地反映人们的生产生活、传达人们的思想情感。这种“思无邪”的精神与德育的本质相契合，因为德育的核心在于培养人的道德品质，使人能够真实、自由地表达自己的思想和情感，同时积极向善、追求真理。因此，中国古典诗词与德育之间存在着内在关联，可以成为德育的重要载体和工具。

中国古典诗词和古文名言中蕴含着丰富的德育元素，如家国情怀、社会关爱、人格修养等。这些元素通过诗词的艺术形式呈现，使读者在阅读欣赏的过程中受到潜移默化的影响。例如，描写家国情怀的诗词通过描绘国家兴衰、民族命运等宏大主题，激发读者的爱国情感和责任感。社会关爱则体现在诗人对民生疾苦、社会不公的关注和呼吁中，引导读者关注社会问题、积极参与公益事业。人格修养则通过诗词中的人物形象和人格追求展现，激励读者追求真善美、塑造健全的人格。

中国古典诗词的艺术形式对德育具有促进作用。中国古典诗词的艺术形式，如韵律、意象、语言美感等，对德育的促进作用不可忽视。诗词的韵律和意象能够引发读者的共鸣和情感投射，使德育内容更加深入人心；诗词的语言美感则能够提升读者的审美素养和语言表达能力，为德育提供有力的支持。

二、中国古典诗词与名言德育价值的主要意蕴

中国古典诗词、名言是中华优秀传统文化的重要载体。研究中国古典诗词德育价值，有利于探寻中华优秀传统文化的核心要义，有利于弘扬社会主义核心价值观，有利于提升全体国民的文化素养和道德水平，有利于增强学校德育的实效性和针对性。

1. 有利于传承中华优秀传统文化

古典诗词是中华文化的重要组成部分，通过学习古典诗词，可以使学生更好地了解和传承中华民族的文化传统，深入理解古代社会、历史、哲学、艺术等方面的知识，增强民族自豪感和文化自信。古典诗词涵盖了广泛的题材，通过学习不同类型的诗词作品，学生可以了解到不同历史时期、不同地域、不同文化背景下的知识和信息。这有助于拓展学生的知识视野，增加其知识储备，为未来的学习和生活打下坚实的基础。

2. 有利于培养鉴赏力和扩展知识面

古典诗词以其独特的韵律、意象和语言美感，能够培养学生的审美能力和艺术鉴赏力。学习和欣赏古典诗词可以提高学生的感知和欣赏美的能力，培养学生对艺术作品的敏感性和鉴赏力。古典诗词的语言表达精炼、优美，通过学习古典诗词，学生可以提升语言表达能力和写作技巧。学生可以学习如何运用语言来准确地表达思想和情感，如何运用修辞手法来增强表达效果，从而提高自己的语文水平和写作能力。

3. 有利于培养情感和人文精神

古典诗词和名言中蕴含着丰富的情感和人文精神，学习这些作品可以培养学生的情感素养和人文关怀精神。古典诗词中的情感表达和人性探索能够引起学生的共鸣和反思，激发他们的同情心和爱心，促进学生情感的发展和丰富。古典诗词和名言以其优美睿智的语言和深刻的情感表达，激发学生的情感共鸣和表达欲望。通过阅读古典诗词和名言，学生可以学习如何运用语言来准确地表达自己的思想和情感，提高自己的情感表达和沟通能力。

4. 有利于培养思维能力和跨文化交流能力

古典诗词与名言往往蕴含着深刻的哲理和人生智慧，阅读和分析这些作品可以培养学生的思辨能力和逻辑思维能力。学生需要思考诗词中的意象、象征和隐喻等，从而理解诗人的思想和情感，这种思考过程有助于提高学生的思维能力和分析能力。古典诗词作为中华优秀传统文化的重要组成部分，具有独特的魅力和影响力。通过学习古典诗词，学生可以更好地了解和欣赏中华优秀传统文化，同时也能够更好地理解和欣赏其他国家和民族的文化。这对于培养学生的跨文化交流能力和推动文化交流互鉴具有重要的意义。

三、中国古典诗词与名言德育价值的当代实现

中国古典诗词与名言的热度持续升高，人们把古老的经典诗词与名言，和鲜活的当下生活创造性地结合起来，让古典诗词在当代充满活力。

将古典诗词与名言作为学校德育的重要内容之一，通过课堂教学、课外阅读、校园文化活动等方式，让学生接触、学习和欣赏古典诗词与名言。在课程设置上，可以开设专门的古典诗词与名言课程，或者将古典诗词与名言融入语文、历史、艺术等相关课程中，使其成为学校德育的有机组成部分。针对当代学生的特点和需求，创新古典诗词与文言文的教学方法和手段。例如，可以利用多媒体技术和网络资源，制作生动有趣的课件，激发学生的学习兴趣和积极

性；同时，也可以采用小组合作、互动讨论等教学方式，让学生在互动中学习和交流，提高学习效果。

将现代教育理念和古典诗词与名言教育相结合，注重学生的主体性和参与性。将古典诗词与名言，与其他学科进行融合教学，如音乐、美术、历史等学科。通过跨学科的学习，可以让学生更全面地了解古典诗词与名言的背景和内涵，同时也能够培养学生的综合素质。借助现代科技手段，如虚拟现实、人工智能等，为古典诗词与名言教育提供新的可能性。例如，可以开发古典诗词与名言的虚拟现实体验课程，让学生沉浸式地感受古诗词的意境和情感，增强学习效果。

将古典诗词与名言的学习和社会实践与志愿服务相结合，让学生在实践中体验和感悟古典诗词所蕴含的道德理念和人文精神。例如，可以组织学生参与古诗词朗诵比赛、文艺演出、社区文化活动等，让学生在实践中展示自己的学习成果，同时也提升了自己的社会责任感和奉献精神。

家庭教育和社区教育也是实现古典诗词德育价值的重要途径之一。家长可以引导孩子阅读古典诗词与名言，培养孩子的阅读兴趣和习惯；社区可以组织古诗词讲座、诵读会等活动，让居民在参与中感受古典诗词与名言的魅力和内涵。

第四章 国学经典著作中蕴含的价值意蕴

学习目标

通过选读有代表性的国学经典，提升学生对经典著作价值的认识。

1. 知识目标

以《论语》《道德经》为例，了解其内容。

熟悉《论语》《道德经》的原文。

掌握《论语》《道德经》的艺术特色。

2. 能力目标

培养和提升感受国学经典著作意蕴的能力。

3. 素质目标

积极参与国学诵读等活动，提升国学素质水平。

培养勤奋刻苦、谦虚好学等品质，积极参与社会文化建设。

第一节　国学经典的代表作品

一、《论语》

（一）《论语》内容简介

《论语》，是春秋时期思想家、教育家孔子的弟子及再传弟子记录孔子及其弟子言行而编成的语录文集，成书于战国前期。以语录体为主，叙事体为辅，较为集中地体现了孔子及儒家学派的政治主张、伦理思想、道德观念、教育原则等。作品多为语录，但辞约义富，有些语句、篇章形象生动，其主要特点是语言简练，浅近易懂，而用意深远，有一种雍容和顺、纡徐含蓄的风格，能在简单的对话和行动中展示人物形象。

自宋代以后，《论语》被列为“四书”之一，成为古代学校官定教科书和科举考试必读书。

《论语》内容涉及政治、教育、文学、哲学以及立身处世的道理等多方面。现存《论语》共20篇492章，其中记录孔子与弟子及时人谈论之语444章，记孔门弟子相互谈论之语48章。

（二）《论语》作品目录

《论语》通常取开篇前两个字作为篇名，若开篇前两个字是“子曰”，则跳过，取句中的前两个字；若开篇前三个字是一个词，则取前三个字。篇名与篇内各章的内容没有特别的关联，可当作页码看待。

篇目	内容概要
学而篇第一	讲“务本”的道理，引导初学者进入“道德之门”
为政篇第二	讲治理国家的道理和方法
八佾篇第三	记录孔子谈论礼乐
里仁篇第四	讲仁德的道理
公冶长篇第五	评价古今人物及其得失
雍也篇第六	记录孔子和弟子们的言行
述而篇第七	记录孔子的容貌和言行
泰伯篇第八	记录孔子和曾子的言论及其对古人的评论
子罕篇第九	记录孔子的道德教育思想和孔子弟子对其师的议论；此外，还记述了孔子的某些活动，重点为孔子的行事风格，提倡和不提倡做的事
乡党篇第十	记录孔子言谈举止，衣食住行和生活习惯
先进篇第十一	记录孔子教育言论和对其弟子的评论
颜渊篇第十二	讲孔子教育弟子如何实行仁德，如何为政和处世
子路篇第十三	记录孔子论述为人和为政的道理
宪问篇第十四	记录孔子和其弟子论修身为人之道，以及对古人的评价
卫灵公篇第十五	记录孔子及其弟子在周游列国时的关于仁德治国方面的言论

续表

篇目	内容概要
季氏篇第十六	记录孔子论君子修身，以及如何用礼法治国
阳货篇第十七	记录孔子论述仁德，阐发礼乐治国之道
微子篇第十八	记录古代圣贤事迹，孔子众人周游列国中的言行及周游途中世人对于乱世的看法
子张篇第十九	记录孔子和弟子们探讨求学为道的言论，弟子们对于孔子的敬仰赞颂
尧曰篇第二十	记录古代圣贤的言论和孔子对于为政的论述

（三）《论语》成书过程

《论语》是孔门弟子集体智慧的结晶。早在春秋后期孔子设坛讲学时期，《论语》主体内容就已初始创成；孔子去世以后，他的弟子和再传弟子代代传授他的言论，并逐渐将这些口头记诵的语录言行记录下来，因此称为“论”；《论语》主要记载孔子及其弟子的言行，因此称为“语”。清朝赵翼解释说：“语者，圣人之语言，论者，诸儒之讨论也。”其实，“论”又通“仑”有收集编纂的意思，所谓《论语》，是指将孔子及其弟子的言行记载下来编纂成书。其编纂者主要是仲弓、子游、子夏、子贡，几人忧虑师道失传，首先商量起草，后和少数留在鲁国的弟子及再传弟子完成该语录集，旨在纪念孔子。

清代学者崔述对《论语》的成书提出不同的看法，他注意到今本《论语》前后十篇在文体和称谓上存在差异，前十篇记孔子答定公、哀公之问，皆变文称“孔子对曰”，以表示尊君，答大夫之问则称“子曰”，表示有别于君，“以辨上下而定民志”；而后十篇中的《先进》《颜渊》等，答大夫之问也皆作“孔子对曰”，故怀疑“前十篇皆有子、曾子门人所记，去圣未远，礼制方明；后十篇则后人所续记，其时卿位益尊，卿权益重，盖有习于当世所称而未尝详考其体例者，故不能无异同也”。又如，前十篇中孔子一般称“子”不称“孔子”，门人问学也不作“问于孔子”，而后十篇中的《季氏》《微子》多称孔子，《阳货》子张问仁，《尧曰》子张问政，皆称“问于孔子”，与《论语》其他篇不同，“其非孔氏遗书明甚，盖皆后人采之他书者”。受崔述的影响，以后学者继续从《论语》前后十篇用语、称谓的差异对其成书作出判断，有学者甚至认为《论语》最初只有单独的篇，其编定成书，要在汉代以后。

唐代陆德明《经典释文》转引郑玄注:《论语》“仲弓、子游、子夏等撰”。这一说法在郭店简中得到旁证。郭店一号墓不晚于公元前300年。郭店简“《语丛·三》简引述《论语》,更确证该书之早”。《语丛·一》引用《坊记》内容,而《坊记》还引用过《论语》的内容。“《语丛》摘录《坊记》,证明《坊记》早于战国中期之末,而《坊记》又引述《论语》,看来《论语》为孔子门人仲弓、子夏等撰定之说还是可信的。”孔子弟子中,有子“似圣人欲,以所事孔子事之”(《孟子·滕文公上》),称子并不奇怪,子指老师,对儒家学子除了师承之外亦有掌门人之意。除了孔子,有子、曾子、冉子、闵子亦称“子”,冉子、闵子早逝,故师承的儒家掌门,只能是曾参,故代有子者只剩曾子有可能。颜回,虽然被尊奉,但由于早死,没来得及收徒,不是弟子记载,故不称子,可能是家人所记。原宪、漆雕开,虽然收徒,世称子思子、漆雕子,但《论语》所记,亦不是弟子记载,故亦不称子,多半是师兄弟偶尔提及。

《论语》既是语录体又是若干断片的篇章集合体,这些篇章的排列似乎没有什么特定的顺序,就是前后两章间,也不一定有什么关联,而且这些断片的篇章不是出自一人的手笔。《论语》一书,篇幅不多,却出现了多次内容的重复。其中有字句完全相同的,如“巧言令色鲜矣仁”一章,先见于《学而》,又重出于《阳货》;“博学于文”一章,先见于《雍也》,又重出于《颜渊》。又有基本上是重复只是详略不同的,如“君子不重”章,《学而》多出十一字,《子罕》只载“主忠信”以下的十四个字;“父在观其志”章,《学而》多出十字,《里仁》只载“三年”以下的十二字。还有意思相同,却有各种记载的,如《里仁》说:“不患莫己知,求可为也。”《宪问》又说:“不患人之不己知,患不知人也。”《卫灵公》又说:“君子病无能焉,不病人之不己知也。”如果再考虑到《学而》的“人不知而不愠,不亦君子乎”,便是重复四次。这种现象可合理推断出,孔子的言论,当时弟子各有记载,后来才被汇集成书。

《论语》一书有孔子弟子的笔墨,也有孔子再传弟子的笔墨,其著作年代有先有后。崔述《洙泗考信录》断定《论语》的少数篇章的“驳杂”,从词义的运用上可反映出《论语》的著笔先后相距或不止三五十年。

(四)《论语》的思想内容与艺术特色

《论语》作为儒家经典,其内容博大精深,包罗万象,它的思想主要有三个既各自独立又紧密相依的范畴:伦理道德范畴——仁,社会政治范畴——礼,认识方法论范畴——中庸。仁,首先是人内心深处的一种真实的状态,这种真的极致必然是善的，这种真和善的全体状态就是“仁”。孔子确立了仁的范畴，进而将礼阐述为适应仁、表达仁的一种合理的社会关系与待人接物的规范，进而明确“中庸”的系统方法论原则。“仁”是《论语》的思想核心。

《论语》反映了孔子的教育原则。孔子因材施教，对于不同的对象，考虑其不同的素质、优点和缺点、进德修业的具体情况，给予不同的教诲，表现了诲人不倦的可贵精神。据《颜渊》记载，同是弟子问仁，孔子有不同的回答，答颜渊“克己复礼为仁”（为仁的表现之一为克己复礼，有所不为）；答仲弓“己所不欲，勿施于人”（就己与人之间的关系，以欲施做答，欲是个人的主观能动性之取舍，施是个人主观能动性的实践，用好心、坏心来说，要防止好心办坏事，就要慎施）；答司马牛“仁者其言也讱”。颜渊学养高深，故答以“仁”学纲领，对仲弓和司马牛则答以细目。又如，孔子回答子路和冉有的同一个问题，内容完全不同。答子路的是：“又父兄在，如之何其闻斯行之。”因为“由也兼人，故退之”。答冉有的是：“闻斯行之。”因为“求也退，故进之”。这不仅是因材施教的问题，其中还饱含孔子对弟子的高度的责任心。

《论语》多为语录，但其辞约义富，许多语句、篇章形象生动。如《子路、曾皙、冉有、公西华侍坐》不仅篇幅较长，而且注重记述，算得上一篇结构完整的记叙文，人物形象鲜明，思想倾向通过人物表情、动作、对话自然地展现出来，具有较强的艺术性。

孔子是《论语》描述的中心，“夫子风采，溢于格言”（《文心雕龙·征圣》）。书中不仅有关于他的仪态举止的静态描写，还有关于他的个性气质的传神刻画。此外，围绕孔子这一中心，《论语》还成功地刻画了一些孔门弟子的形象。如子路的率直鲁莽、颜回的温雅贤良、子贡的聪颖善辩、曾皙的潇洒脱俗等，都称得上个性鲜明，给人留下深刻印象。

《论语》的主要特点是语言简练、用意深远，有一种雍容和顺、纡徐含蓄的风格。其在简单的对话和行动中展示人物形象，同时语言浅近易懂，接近口语，也是一个特点。

（五）《论语》的后世影响

《论语》是儒家经典之一。自汉武帝“罢黜百家，独尊儒术”之后，《论语》被尊为“五经之輨辖，六艺之喉衿”，是研究孔子及儒家思想尤其是原始儒家思想的第一手资料。南宋时朱熹将《大学》《中庸》《论语》《孟子》合为“四书”，使之在儒家经典中的地位日益提高。元代延祐年间，以“四书”开科取士。此后一直到清朝末年推行洋务运动，废除科举之前，《论语》一直是学子士人推施奉行的金科玉律。

北宋政治家赵普曾有“半部《论语》治天下”之说。这从一个侧面反映出此书在中国古代社会所发挥的作用与影响之大。

《论语》中保留了一些对孔子师徒的批评讽刺，其中有些进行了辩驳，有的没有回答。其辩驳的部分对后世很有影响，如《答客难》等设为主客问答进行辩难的小赋，都受到《论语》的启发；其自我解嘲部分，表现了儒家对自我价值的肯定，对“知其不可为而为之”的积极奋进精神的赞扬。

（六）《论语》摘录

1.《学而篇第一》

原文

1. 子曰：“学而时习之，不亦说乎？有朋自远方来，不亦乐乎？人不知而不愠，不亦君子乎？”

2. 有子曰：“其为人也孝弟而好犯上者，鲜矣；不好犯上而好作乱者，未之有也。君子务本，本立而道生。孝弟也者，其为仁之本与！”

3. 子曰：“巧言令色，鲜矣仁！”

4. 曾子曰“吾日三省吾身：为人谋而不忠乎？与朋友交而不信乎？传不习乎？”

5. 子曰：“道千乘之国，敬事而信，节用而爱人，使民以时。”

6. 子曰：“弟子入则孝，出则悌，谨而信，泛爱众，而亲仁。行有余力，则以学文。”

7. 子夏曰：“贤贤易色；事父母，能竭其力；事君，能致其身；与朋友交，言而有信。虽曰未学，吾必谓之学矣。”

8. 子曰：“君子不重则不威，学则不固。主忠信，无友不如已者，过则勿惮改。”

9. 曾子曰：“慎终追远，民德归厚矣。”

10. 子禽问于子贡曰：“夫子至于是邦也，必闻其政，求之与？抑与之与？”子贡曰：“夫子温、良、恭、俭、让以得之。夫子之求之也，其诸异乎人之求之与？”

11. 子曰：“父在，观其志。父没，观其行；三年无改于父之道，可谓孝矣。”

12. 有子曰：“礼之用，和为贵。先王之道，斯为美，小大由之。有所不行，知和而和，不以礼节之，亦不可行也。”

13. 有子曰：“信近于义，言可复也。恭近于礼，远耻辱也。因不失其亲，亦可宗也。”

14. 子曰：“君子食无求饱，居无求安，敏于事而慎于言，就有道而正焉。可谓好学也已。”

15. 子贡曰：“贫而无谄，富而无骄，何如？”子曰：“可也。未若贫而乐道，富而好礼者也。”子贡曰：“《诗》云：‘如切如磋，如琢如磨’，其斯之谓与？”子曰：“赐也，始可与言《诗》已矣，告诸往而知来者。”

16. 子曰：“不患人之不己知，患不知人也。”

译文

1. 孔子说：“学到的东西按时去温习和练习，不也很高兴吗？有朋友从很远的地方来，不也很快乐吗？别人不了解自己，自己却不生气，这不也是一位有修养的君子吗？”

2. 有子说：“那种孝敬父母、敬爱兄长的人，却喜欢触犯上级，是很少见的；不喜欢触犯上级却喜欢造反的人，更是从来没有的。有德行的人总是力求抓住这个根本。根本建立了，仁道便由此产生。孝敬父母、敬爱兄长，大概便是仁道的根本吧！”

3. 孔子说：“花言巧语，伪装出一副和善的面孔，这种人很少是仁德的。”

4. 曾子说：“我每天从多方面反省自己：替别人办事是不是尽心竭力了呢？与朋友交往是不是诚实守信了呢？对老师传授的功课，是不是用心复习了呢？”

5. 孔子说：“治理拥有一千辆兵车的国家，应该恭敬谨慎地对待政事，并且讲究信用；节省费用，并且爱护人民；征用民力要尊重农时，不要耽误耕种、收获的时间。”

6. 孔子说：“小孩子在父母跟前要孝顺，出外要敬爱师长，说话要谨慎，言而有信，和所有人都友爱相处，亲近那些具有仁爱之心的人。做到这些以后，如果还有剩余的精力，就用来学习文化知识。”

7. 子夏说：“一个人能够尊重贤者而看轻女色；侍奉父母，能够竭尽全力；服侍君主，能够献出自己的生命；同朋友交往，说话诚实、恪守信用。这样的人，即使他自己说没有学过什么，我也一定要说他已经学习过了。”

8. 孔子说：“一个君子，如果举止不庄重，就没有威严，即使读书，所学也不会牢固。行事应当以忠和信这两种道德为主。不要和不忠不信的人交朋友。

有了过错，不怕改正。”

9. 曾子说：“谨慎地对待父母的丧事，恭敬地祭祀祖先，就能使民心归向淳厚了。”

10. 子禽问子贡说：“夫子每到一个国家，一定听得到这个国家的政事。那是求人家告诉他的呢，还是人家主动说给他听的呢？”子贡说：“夫子是靠温和、善良、恭敬、节俭和谦让得来的。夫子的那种求得的方式，大概是不同于别人的吧？”

11. 孔子说：“当他父亲活着时，要看他本人的志向；他父亲去世以后，就要考察他本人的具体行为了。如果他长期坚持父亲生前那些正确原则，就可以说是尽孝了。”

12. 有子说：“礼的功用，以遇事做得恰当和顺为可贵。以前的圣明君主治理国家，最可贵的地方就在这里。他们做事，无论事大事小，都按这个原则去做。如遇到行不通的，仍一味地追求和顺，却并不以礼法节制，也是行不通的。”

13. 有子说：“约言符合道德规范，这种约言才可兑现。态度谦恭符合礼节规矩，才不会遭受羞辱。所依靠的都是关系亲密的人，那就更可信赖了。”

14. 孔子说：“君子食不追求饱足；居住不追求安逸；对工作勤奋敏捷，说话却谨慎；接近有道德有学问的人并向他学习，纠正自己的缺点，就可以称得上是好学了。”

15. 子贡说：“贫穷却不巴结奉承，富贵却不骄傲自大，这样的人怎么样？”孔子说：“可以了，但还是不如虽贫穷却乐于圣贤之道，虽富贵却谦虚好礼。”子贡说：“《诗经》上说，要像骨、角、象牙、玉石等的加工一样，先开料，再粗锉、细刻，然后磨光。就是这样的意思吧？”孔子说：“赐呀，现在可以同你讨论《诗经》了。告诉你以往的事，你能因此而知道未来的事。”

16. 孔子说：“不要担心别人不了解自己，应该担心的是自己不了解别人。”

2.《为政篇第二》

原文

1. 子曰：“为政以德，譬如北辰，居其所而众星共之。”

2. 子曰：《诗》三百，一言以蔽之，曰：‘思无邪。’”

3. 子曰：“道之以政，齐之以刑，民免而无耻。道之以德，齐之以礼，有耻且格。”

4. 子曰：吾十有五而志于学，三十而立，四十而不惑，五十而知天命，六十而耳顺，七十而从心所欲，不逾矩。

5. 孟懿子问孝。子曰："无违。"樊迟御，子告之曰："孟孙问孝于我，我对曰'无违。'"樊迟曰："何谓也？"子曰："生，事之以礼；死，葬之以礼，祭之以礼。"

6. 孟武伯问孝。子曰："父母唯其疾之忧。"

7. 子游问孝。子曰："今之孝者，是谓能养，至于犬马，皆能有养，不敬，何以别乎？"

8. 子夏问孝。子曰："色难。有事，弟子服其劳，有酒食，先生馔，曾是以为孝乎？"

9. 子曰："吾与回言终日，不违，如愚，退而省其私，亦足以发。回也不愚。"

10. 子曰："视其所以，观其所由，察其所安，人焉廋哉！人焉廋哉！"

11. 子曰："温故而知新，可以为师矣。"

12. 子曰："君子不器。"

13. 子贡问君子。子曰："先行其言而后从之。"

14. 子曰："君子周而不比，小人比而不周。"

15. 子曰："学而不思则罔，思而不学则殆。"

16. 子曰："攻乎异端，斯害也已。"

17. 子曰："由，诲汝知之乎？知之为知之，不知为不知，是知也。"

18. 子张学干禄。子曰："多闻阙疑，慎言其馀，则寡尤。多见阙殆，慎行其馀，则寡悔。言寡尤，行寡悔，禄在其中矣。"

19. 哀公问曰："何为则民服？"孔子对曰："举直错诸枉，则民服；举枉错诸直，则民不服。"

20. 季康子问："使民敬忠以劝，如之何？"子曰："临之以庄则敬，孝慈则忠，举善而教不能则劝。"

21. 或谓孔子曰："子奚不为政？"子曰："《书》云：'孝乎惟孝，友于兄弟，施于有政。'是亦为政。奚其为为政？"

22. 子曰："人而无信，不知其可也。大车无輗，小车无軏，其何以行之哉！

23. 子张问："十世可知也？"子曰："殷因与夏礼，所损益，可知也；周因于殷礼，所损益，可知也；其或继周者，虽百世，可知也。"

24. 子曰："非其鬼而祭之，谄也；见义不为，无勇也。"

译文

1. 孔子说："（周君）以道德教化来治理政事，就会像北极星那样，自己居于一定的方位，而群星都会环绕在它的周围。"

2. 孔子说："《诗经》三百篇，可以用一句话来概括它，就是'思想纯正'。"

3. 孔子说："用法制禁令去引导百姓，使用刑法来约束他们，老百姓只是求得免于犯罪受惩，却失去了廉耻之心；用道德教化引导百姓，使用礼制去统一百姓的言行，百姓不仅会有羞耻之心，还会遵守规矩。"

4. 孔子说："我十五岁立志于学习；三十岁能够自立；四十岁能不被外界事物所迷惑；五十岁懂得了天命；六十岁能正确对待各种言论，不觉得不顺；七十岁能随心所欲而不逾越规矩。"

5. 孟懿子问什么是孝，孔子说："孝就是不要违背礼。"后来樊迟给孔子驾车，孔子告诉他："孟孙问我什么是孝，我回答他说'不要违背礼。'"樊迟说："不要违背礼是什么意思呢？"孔子说："父母活着的时候，要按礼侍奉他们；父母去世后，要按礼埋葬他们、祭祀他们。"

6. 孟武伯向孔子请教孝道。孔子说："对父母，要特别为他们的疾病担忧。（这样做就可以算是尽孝了）"

7. 子游问什么是孝，孔子说："如今所谓的孝，只是说能够赡养父母便足够了。然而，就是犬马都能够得到饲养。如果孝敬父母，那么赡养父母与饲养犬马又有什么区别呢？"

8. 子夏问什么是孝，孔子说："（当子女的要尽孝），最不容易的就是对父母和颜悦色。是有事情，就替父母去做，有酒饭，就让父母吃，难道这样就算是孝了吗？"

9. 孔子说："我整天给颜回讲学，他从来不提反对意见和疑问，像个蠢人。等他退下之后，我考察他私下的言论，发现他对我所讲授的内容有所发挥，可见颜回其实并不蠢。"

10. 孔子说："（要了解一个人），应看他言行的动机，观察他所走的道路，考察他能安心干什么，这样，这个人怎能隐藏得了呢？"

11. 孔子说："在温习旧知识时，能有新体会、新发现，就可以当老师了。"

12. 孔子说："君子不像器具那样。（只有某一方面的用途）"

13. 子贡问怎样做一个君子。孔子说："对于你要说的话，先实行了，再说出来。（这就可以说是一个君子了）"

14. 孔子说："君子合群而不与人勾结，小人与人勾结而不合群。"

15. 孔子说："只读书学习，而不思考问题，就会罔然无知而没有收获；只空想而不读书学习，就会疑惑而不能肯定。"

16. 孔子说："驳斥那些不正确的言论，祸害就可以消除了。"

17. 孔子说："由，我教给你怎样做的话，你明白了吗？知道的就是知道，不知道就是不知道，这就是智慧啊！"

18. 子张要学谋取官职的办法。孔子说："要多听，有怀疑的地方先放在一旁不说，其余有把握的，也要谨慎地说出来，这样就可以少犯错误；要多看，有怀疑的地方先放在一旁不做，其余有把握的，也要谨慎地去做，就能减少后悔。说话少过失，做事少后悔，官职俸禄就在这里了。"

19. 鲁哀公问："怎样才能使百姓服从呢？"孔子回答说："把正直无私的人提拔起来，把邪恶不正的人置于一旁，老百姓就会服从了；把邪恶不正的人提拔起来，把正直无私的人置于一旁，老百姓就不会服从统治了。"

20. 季康子问道："要使老百姓尊敬当政的人，尽忠而努力干活，该怎样去做呢？"孔子说："你用庄重的态度对待老百姓，他们就会尊敬你；你对父母孝顺、对子弟慈祥，百姓就会尽忠于你；你选用善良的人，并教育能力差的人，百姓就会互相勉励，加倍努力了。"

21. 有人对孔子说："你为什么不从事政治呢？"孔子回答说："《尚书》上说：'孝就是孝敬父母，友爱兄弟。'把这孝悌的道理施于政事，也就是从事政治，又要怎样才能算是为政呢？"

22. 孔子说："一个人不讲信用，是根本不行的。就好像大车没有輗、小车没有軏一样，它靠什么行走呢？"

23. 子张问孔子："今后十世（的礼仪制度）可以预先知道吗？"孔子回答说："商朝继承了夏朝的礼仪制度，其中减少和增加的内容是可以知道的；周朝又继承商朝的礼仪制度，其中废除和增加的内容也是可以了解的。将来如果有继承周朝的，即使是一百世以后的情况，也是可以预先知道的。"

24. 孔子说："不是你应该祭祀的鬼神却去祭祀，就是谄媚。遇到应该挺身而出的事情却袖手旁观，就是怯懦。"

二、《道德经》

（一）《道德经》内容简介

《道德经》是春秋时期老子所著，又称《道德真经》《老子》《五千言》《老子五千文》，是道家哲学思想的重要来源。道德经分上、下两篇，上篇为《德经》、下篇为《道经》，不分章，后改为《道经》37 章在前，第 38 章之后为《德经》，并分为 81 章。《道德经》以哲学意义之“道德”为纲宗，论述修身、治国、用兵、养生之道，而多以政治为旨归，乃所谓“内圣外王”之学，文意深奥，包涵广博，被誉为万经之王。《道德经》是中国历史上最伟大的著作之一，对传统哲学、科学、政治、宗教等产生了深刻影响。

《道德经》的总字数因为版本不同而有所差异：马王堆帛书，甲本为 5 344 字，乙本为 5 342 字（外加重文 124 字）；今本，河上公《道德经章句》为 5 201 字（外加重文 94 字），王弼《老子道德经注》为 5 162 字（外加重文 106 字），傅奕《道德经古本篇》为 5 450 字（外加重文 106 字）。现在的《道德经》通行本，由王弼所注，字数为 5 162 字。

（二）《道德经》创作背景

据文献记载，老子静思好学，知识渊博。文献记载，老子入周，拜见博士，入太学。天文、地理、人伦，无所不学，文物、典章、史书无所不习，学业大有长进。博士又荐其入守藏室为吏。守藏室是周朝典籍收藏之所，集天下之文，收天下之书，汗牛充栋，无所不有。通过这段经历，老子积累了丰富的学识，也使他远近闻名。老子生于春秋战国时期，当时的环境是周朝式微，各方诸侯为了争夺霸主之位不断发生战争。严酷的社会环境，让老子目睹了民间疾苦，作为周朝的守藏吏，他提出了治国安民的一系列主张。函谷关令尹喜对《道德经》的成书也起了巨大作用，他少时即好观天文、爱读古籍，修养深厚。司马迁在《史记·老子韩非列传》中记载老子“居周久之，见周之衰，乃遂去。至关，关（令）尹喜曰：‘子将隐矣，强为我著书。’于是老子乃著书上下篇言道德五千言而去，莫知始终”，尹喜感动了老子，老子遂以自己的生活体验和以王朝兴衰成败、百姓安危祸福为鉴，溯其源，著上、下两篇，共五千言，即《道德经》。

（三）《道德经》综述

《道德经》主要论述“道”与“德”。“道”不仅是宇宙之道、自然之道，也是个体修行，即“修道”的方法；“德”不是通常以为的道德或德行，而是修“道”者所应必备的特殊的世界观、方法论以及为人处世的方法。

老子的本意在于传授修“道”的方法，其中“德”是基础，“道”是“德”的升华。没有“德”的基础，为人处世、治家、治国，很可能都会失败，就没有能力去“修道”。所以修“德”是为修“道”创造良好的外部环境，这可能也是人所共需的；修“道”者更需要拥有宁静的心境、超脱的人生，这也离不开“德”的修养。《德经》在《道德经》中占了很大部分，这是修“道”的基础。

老子认为，“道”是浑全之朴，是“众妙之门”。“道”生成万物，又内涵于万物之中，“道”在物中，物在“道”中，万事万物殊途而同归，都通向了“道”。

“道”不只是有形的“物质”、思虑的“精神”、理性的“规律”，而是造成这一切的无形无象、至虚至灵的宇宙本根。“物质”“精神”“规律”皆是“道”的派生物。“道”是先天一炁，混元无极，“道”是其大无外、其小无内、至简至易、至精至微、至玄至妙的自然之始祖、万殊之大宗，是造成宇宙万物的源头、根本。

（四）《道德经》主体思想

《道德经》主体思想为“道法自然”。

“道法自然”是《道德经》中老子思想的精华。“道”作为《道德经》中最抽象的概念范畴，是天地万物生成的动力源，“德”是“道”在伦常领域的发展与表现；“道”与“法”在规则、常理层面有相通点，但不同于西方自然法。“法”应效法自然之道，在辨证的反向转化之中发挥其作用。

哲学上，老子主张“道”是天地万物之始之母，阴阳对立与统一是万物的本质体现，物极必反是万物演化的规律；伦理上，老子主张纯朴、无私、清静、谦让、贵柔、守弱、淡泊等因循自然的德行；政治上，老子主张对内无为而治，不生事扰民，对外和平共处，反对战争与暴力。以上这三个层面构成了《道德经》的主题，同时也使得《道德经》在结构上经由“物理至哲学至伦理、至政治”的逻辑层层递进，由自然之道进入到伦理之德，最终归宿于对理想政治的设想与治理之道，也就是从自然秩序中找出通向理想社会秩序的光明正道。

（五）“道法自然”中的“法”的哲学意义

1.“道”与“法”的关系

一是老子之“道”，是一种特殊之物，看不见，听不见，摸不着，人们无法确定其名，以“道”相称。这种特殊之物有具体与抽象之分，“道”不仅指道路、路程、途径等，还指代方法、技艺、事理、规则、常理、思想体系等。

而特殊之物主要是从具体之道层面而言。如第二十五章：“吾不知其名，字之曰道。强为之名曰大。”

二是精神性范畴之道，主要指老子将道对自然界的作用抽象化，演化为“无为而治”的治国之道。

三是规则或常理层面之道。如第九章：“功成名遂身退，天之道也”。

四是方法层面之道。如第五十九章：“是谓深根固柢，长生久视之道。”

上述四层关于“道”义的阐述中，第三层规则或常理层面之道与法律之法是相通的。法是对常理常识常情的一种规范化，通过国家强制力保证这种刚性规则得以实施。而作为规则或常理之道更多的是一种自然法层面的东西，或者“道”之规则为自然规律，不以人的主观意志为转移，否则将受到自然规律的惩罚。常理之道是社会生活之道，主要体现在人与人、人与社会的关系之中，是一种普遍认同的社会规律或习俗习惯，受到伦常关系的制约。

从这两个层面来说，道之规则与常理是法形成的环境与基础，法不过是以正式的形式规范化了的自然规律与常理，因此“法”与“道”是两个不同层次的问题，“法”来源于“道”，且反过来要顺应道的运动。

2.“道法自然”思想异于西方自然法

《道德经》中体现的是中国自然法思想，可以看作中国道家法律学说的肇始。在中国古代，老子第一个提出“道法自然”的自然法思想观点。老子的“道法自然”与西方自然法思想在本质上存在差异。西方自然法思想发源于古希腊、古罗马的自由主义和理性主义传统，以正义、善、民主等理念为基础，并且作为评价实在法或人定法的应然性依据。而老子的“道法自然”思想立足于万物的本原，即“道”，试图通过认知“道”来达到对自然世界和人类社会的终极理解，从而依“道”而生。这种“道”不是自由、理性、民主或正义等理念和评价标准，而是一种“不可名”之物，一种“天长地久”的规律性力量，兼具物质和精神层面，存于天地之间并自我循环。

总而言之，老子认为，统治者治理国家贵在“无为”“无事”等圣人之治，而圣人之治的手段并不是通过制定刑法等国家制度来对老百姓加以规制，圣人以合乎自然、不行强制的方式来推行其统治。而法律制度是治国者统治人民的工具，是统治者为了保障自身的利益与维持社会秩序而建构的国家机器。老子认为这些法律制度以及国家机器的存在都是统治者的有为措施，而这些有为措施又体现了统治者的雄心、私欲等，这些又是产生战争、盗窃等祸害的缘由，滋扰人民按自然之道来生活，所以老子极力反对这些措施与法令制度。因此，从老子“道法自然”思想中可以得出结论，“法”需要顺应“道”与“德”的运动，效法自然之律，在辩证的反向转化之中发挥其治理作用。

（六）《道德经》的文学特色

《道德经》句式整齐，大致押韵，为诗歌体经文，读之朗朗上口，易诵易记，体现了中国文字的音韵之美。如“有无相生，难易相成，长短相形，高下相倾”（二章）；“虚其心，实其腹，弱其志，强其骨”（三章）；“挫其锐，解其纷，和其光，同其尘”（四章）；“其政闷闷，其民淳淳”（五十八章）。这些词句，不仅押韵，而且平仄相扣，有音韵美，也有旋律美。朗诵经文，是一种美的享受，在音韵之美中体味深刻的哲理。

1. 讲究修辞

《道德经》的语言非常讲究艺术性，运用了多种修辞方式，使词句准确、鲜明、生动，富有说理性和感染力。

（1）对偶。

“道，可道，非常道；名，可名，非常名。无名天地之始，有名万物之母”（一章）；“贵以贱为本，高以下为基”（三十九章）；“祸兮，福之所倚；福兮，祸之所伏”（五十八章）；“天下难事，必作于易；天下大事，必作于细”（六十三章）。对偶句子看起来整齐醒目，听起来铿锵悦耳，便于记忆、传诵。

（2）排比。

排比可以增强语言的气势、鼓动力。《道德经》中排比句较多。如：“五色，令人目盲；五音，令人耳聋；五味，令人口爽；驰骋畋猎，令人心发狂；难得之货，令人心妨”（十二章）；“曲则全，枉则直，洼则盈，敝则新，少则得，多则惑”（二十二章）；“自见者不明，自是者不彰，自伐者无功，自矜者不长”（二十四章）；“大方无隅，大器晚成，大音希声，大象无形”（四十一章）。

（3）比喻。

《道德经》中比喻亦多。如：“谷神不死，是谓玄牝。玄牝之门，是谓天地根。绵绵若存，用之不勤”（六章），以玄牝喻“道”，生养万物。又如：“上善若水，水善利万物而不争”（八章），通篇以水喻人，把水拟人化，赞颂得道者的高贵品质。再如：“专气致柔，能婴儿乎”（十章）；“我独泊兮其未兆，如婴儿之未孩”（二十章）；“复归于婴儿”（二十八章），皆以婴儿喻道者的纯洁、天真、朴实无华。又如：“合抱之木，生于毫末；九层之塔，起于累土；千里之行，始于足下”（六十四章），连用三个比喻，讲明从“小”做起的道理。这些比喻，增强了语言的形象性，加深了读者的印象。

（4）设问和反问。

“何谓宠辱若惊？宠为下，得之若惊，失之若惊，是谓宠辱若惊。何谓贵大患若身？吾所以有大患者，为吾有身，及吾无身，吾有何患”（十三章）；“民不畏死，奈何以死惧之”（七十四章）。这些设问与反问，增加了语言波澜，扣人心弦，起到了引人注意、思索的效果。

（5）联珠。

联珠又叫顶真，是把前一句后边的词语作为后一句开头的词语，把语言连续说下去的一种修辞手法。如：“人法地，地法天，天法道，道法自然”（二十五章），又如“道生一，一生二，二生三，三生万物”（四十二章），联珠使语气连贯，结构严密，更好地反映事物的有机联系。

2. 语言精辟

《道德经》语言极为精辟，是至理名言，形成诸多成语、格言、座右铭。如：天长地久（七章）；上善若水（八章）；少私寡欲（十九章）；弱之胜强，柔之胜刚（七十八章）；祸莫大于不知足，咎莫大于欲得（四十六章）。有的原句，今已演变为警句，广泛流传。如：“功成，名遂，身退”（九章），现为功成身退；“知其白，守其黑”（二十八章），现为知白守黑；“大巧若拙，大辩若讷”（四十五章），现演变出大智若愚；“天网恢恢，疏而不失”（七十三章），现为天网恢恢，疏而不漏；“知足之足，常足矣”（四十六章），现为知足常乐；“宠辱若惊”（十三章），现为宠辱不惊。

（七）《道德经》的价值影响

1. 中国影响

《道德经》内容涵盖哲学、伦理学、政治学、军事学等诸多学科，被后人尊奉为治国、齐家、修身、为学的宝典。它对中国的哲学、科学、政治、宗教等产生了深远的影响，体现了古代中国人的一种世界观和人生观，中国人的文化思想等无不受老子思想的影响。《道德经》的影响也是多方面的，包括政治、文化、科学、宗教等方面。据不完全统计，自先秦以来至元朝，研老注老著作就超过三千种，其中具有代表性的不少于一千种，从侧面说明了《道德经》的巨大影响。

2. 国际影响

据美国学者邰谧侠（Misha Tadd）于 2019 年发表的《〈老子〉译本总目》显示，《道德经》共涉及 73 种语言 1 500 余种译本。其中，在西方世界传播的《道德经》译本语种主要集中于英语、德语、西班牙语与法语。

鸦片战争之后，英国的传教士和汉学家们开始将《道德经》翻译成英语并介绍给西方世界。此后的一百多年，西方逐渐认可和重视老子的思想。

1988 年时任美国总统里根在国情咨文中引用了老子的名言“治大国若烹小鲜”，使《道德经》风行美国，引得各大出版社争相出版。美国畅销书作家和翻译家史蒂芬•米歇尔（Stephen Mitchell）的《道德经》英译本也由此被推到了聚光灯下。该译本的版权售价高达 13 万美元，在出版后 8 年间共计发行了 55 万余册。

第二节　国学经典著作中的意蕴

一、中国古代典籍中的哲学思想与精神智慧

中国古代典籍是中华民族智慧与文化的重要载体，其中蕴含着丰富的哲学思想与精神财富。这些典籍反映了古代中国人民对人生、伦理和社会秩序的思考，对于我们理解中国文化的发展和探索人类智慧具有重要意义。

中国古代典籍中的哲学思想与精神财富以其独特的思考方式和价值观念在中国文化中占据重要地位。儒家思想的仁义道德，道家思想的自然哲学，以及墨家思想的兼爱无私，都在不同程度上对中国古代社会的发展和思想的演变产生了深远的影响。通过研读典籍，我们可以了解古代中国人的智慧和其对人生意义的追求，进一步领略中国传统文化的独特魅力。

通过研究中国古代典籍中的哲学思想与精神财富，我们可以深刻理解中国传统文化的价值与精髓。这些思想启示人们如何修身、齐家、治国、平天下，如何顺应自然法则，如何促进社会和谐与共同富裕。它们不仅对于个人的成长与发展具有指导意义，也为构建和谐社会、实现人类共同进步贡献了宝贵的智慧。

（一）儒家思想与仁义道德

孔子提出了仁爱和道德的重要性，强调人与人之间的和谐关系。儒家思想强调人的社会责任与义务，追求个人修养和社会秩序的统一。

儒家思想是中国古代最重要的哲学思想之一，其核心理念为仁、义、礼、智、信。儒家认为人的本性本善，通过修身、齐家、治国、平天下来达到和谐

社会。孔子的《论语》是儒家思想的代表作，其中有“学而时习之，不亦说乎”“己所不欲，勿施于人”等经典格言，教导人们要修身、齐家、治国，为天下谋福祉。

《论语》是儒家思想的重要典籍之一，其中的名言警句对人们的行为和品德进行了深入的思考和规范。例如，孔子的“己所不欲，勿施于人”指导人们在处理与他人关系时要以谦和与尊重为原则。这种仁爱和宽容的精神使得儒家思想成为中国古代社会的主导思想。

（二）道家思想与自然哲学

道家思想强调与自然的和谐，主张“无为而治”和“以无为而有事”，追求个体的内在修养与心智的清静。与儒家思想不同，道家强调不被世俗所累，以达到心灵的平静和与自然的统一。

道家思想强调顺应自然，追求“无为而无不为”的境界。道教经典《道德经》是道家思想的重要篇章，其中有“道可道，非常道”“上善若水”等著名言论，启示人们要顺应自然法则，追求内心的平静与和谐。道家思想主张“无为而治”，强调在忙碌纷扰的社会中保持内心的宁静与均衡。

《道德经》是道家思想的代表作品之一，其中的“道可道，非常道”强调了道的本质难以被完全理解和阐释。其倡导的“柔弱胜刚强”的思想体现了和谐共处的态度。道家强调返璞归真，与自然相融合，这一观念在中国古代文化中产生了深远的影响。

（三）墨家思想与兼爱无私

墨家思想主张以兼爱之心建立社会秩序，提出了“以兼爱为本”的思想理念。墨子认为，人们应该不分亲疏，与众人同样地关爱。墨家思想对于社会公正和伦理道德起到了一定的引导作用。

墨家思想以兼爱为核心理念，提倡爱人如己、共同富裕。《墨子》是墨家思想的重要典籍，其中强调兼爱与非攻，主张消除战争，追求天下大同。墨家思想对于构建和谐社会、实现人类共同利益具有重要指导意义。

《墨子》是墨家思想的重要典籍，其中通过对兼爱、非攻等概念的阐述和论证，呼吁人们摒弃战争与武力，推崇和平与协作。墨子的哲学思想强调以实用主义和功利主义为中心，为未来中国思想发展奠定了基础。

（四）法家思想与法治天下

法家思想主张以法治天下，追求严明的法律制度。法家强调“不别亲疏，不殊贵贱，一断于法”。法家思想内容丰富，结构较为完整，包括伦理思想、社会发展思想、政治思想以及法治思想等诸多方面。其中，法家伦理思想指的是建立在人性观基础上的诚信观和义利观。

法家反对保守的复古思想，主张锐意改革。他们认为历史是向前发展的，一切法律和制度都要随历史的发展而不断演进，既不能复古倒退，也不能因循守旧。商鞅明确地提出了“不法古，不循今”的主张。韩非则进一步发展了商鞅的主张，提出“时移而治不易者乱”，他把守旧的儒家讽刺为守株待兔的愚蠢之人。

法家是先秦诸子中对法律最为重视的一派，还提出了一整套的理论和方法。《韩非子》是法家思想的集大成者，其中有“法令者，耳目是也”等名句，强调法律的重要性和严明执法的必要性。法家思想注重制度建设，为维护社会稳定提供了有效的方法。

（五）兵家思想与军事战略

兵家思想主要关注战争策略与军事战略，注重实用主义。兵家思想起源于孙子兵法，后由孙膑继承并发展。其中包含了战略思想、权变管理思想和人才管理思想。孙子认为，战略思想中心为“上兵伐谋”“知己知彼”，将权变管理思想总结为“合乎利而动，不合乎利而止”，而在人才管理思想中认为兵战中军事人才的重要性高于军事力量，“故善战者，求之于势，不责于人，故能择人而任势”。在现代社会中，兵家管理思想被广泛运用于军事管理、企业管理以及社会的各个领域。

《孙子兵法》是中国古代最重要的军事典籍之一，其中强调“兵者，国之大事，死生之地，存亡之道”，教导人们如何在战争中取得胜利，这对于军事领域的发展与研究具有重要影响。《孙子兵法》不仅是我国现存最早的兵书，也是世界上最古老的兵书，在国际上享有很高的声誉，它不仅对世界军事思想产生了重大的影响，还被推广运用于社会的各个领域，尤其在企业经营管理中得到了广泛的运用。

二、中国古代典籍中的文学意蕴

(一)《诗经》中的文学意蕴

《诗》三百，一言以蔽之，曰:“思无邪”。

“思无邪”是孔子对诗经的评价。孔子说,《诗经》三百篇，用一句话来概括，就是“无不出自真情”。也就是说,《诗经》三百篇的创作者都是出自真情的自然流露才创作了《诗经》。

孔子说《诗经》三百篇，其实是取了整数。其实,《诗经》共305篇，分为“风”“雅”“颂”三部分。“风”也称为国风，共160首，大部分是民间歌谣;“雅”分为大雅和小雅，共105首;“颂”分为鲁颂、周颂、商颂，一共40首，主要是用于祭祀或其他重大典礼活动的乐歌。

《诗经》以现实主义和浪漫主义相结合的表现形式，反映了西周初年至春秋中叶的社会风貌，传达出人们的日常生活和丰富情感，并开创了我国现实主义诗歌的先河。

同时，它诸多优美而精湛的表现手法，充分展示了《诗经》在文学艺术上的巨大成就。

《诗经》产生于西周初年，是诗、乐舞相结合的我国古代第一部诗歌总集。《诗经》收录了从商周到春秋的歌谣。诗经的语言很生动，节奏感和趣味性都比较强。

《墨子·公孟》记载:“诵诗三百，弦诗三百，歌诗三百，舞诗三百。”可见，诗三百篇最初都是可以入乐的。

《诗经》中的一些诗歌，特别是《国风》和《小雅》中的诗篇，它们在结构形式上，常常采用重章叠句的表现手法。也就是说，诗歌的章节内容和结构基本相同，只是在对应的地方更换几个词而已，这就叫重章叠句。

《诗经》巧妙地利用重章叠句的手法，反复地进行吟咏歌唱，借以营造氛围，深化主题，淋漓尽致地抒发喜怒哀乐的情感，同时，也增强了诗歌的音乐性，使诗歌得以传达出无穷的魅力。如《诗经》的开篇诗《关雎》:“关关雎鸠，在河之洲。窈窕淑女，君子好逑……”

这首诗共三章，每章开头都采用了重章叠唱的笔法。“关关雎鸠，在河之洲”，诗歌一开头就描写了一幅意境优美的画面，关关和鸣的雎鸠，栖息在河中的小洲。这是诗人在河边的所见所闻，也为诗人抒发内心的情感提供了一个合适的情境。

通常认为,《关雎》是一首描写男女恋爱的情歌。此诗在艺术上巧妙地采用了“兴”的表现手法。首章以雎鸟相向合鸣，相依相恋，兴起君子与淑女携手相爱的联想。以下各章，又以采荇菜这一行为起“兴”，表达了主人公对女子狂热的相思与追求。

第二章和第三章同样采用重章叠句的形式，只在章节中变换了几个词语。诗人在一唱三叹的音乐旋律与重章叠句的吟唱中，进一步表达内心的相思之情。全诗语言优美，善于运用双声、叠韵和重叠词，增强了诗歌的音韵美和写人状物、拟声传情的生动性。

《诗经》开创了中国诗歌抒情言志的走向，特别是《国风》中的一些民歌形式的作品，绝大部分都是结构短小的抒情之作，这些歌曲多表达人们日常的情感。

对吟唱者来说，往往情不自禁，于是就反复咏叹，借以抒发自己内心的感情，由此营造出一唱三叹的抒情艺术效果。如《王风 · 采葛》:“彼采葛兮，一日不见，如三月兮。彼采萧兮，一日不见，如三秋兮。彼采艾兮，一日不见，如三岁兮。”

这首诗共三章，其内容基本相同，只变换了六个字。这是一首深情的恋歌，一位男子怀念正在采葛的情人。有情人分离，哪怕是短暂的分别，也给双方带来无尽的痛苦和相思。虽然只是一天不见，却仿佛隔了三月、三秋、三年那么漫长的时间。

诗人正是抓住这一人人都能理解的既普通又真实的情感，重叠中只换了几个字，反复吟诵，他心中缠绵悱恻的相思之情也层层加深。这种相思之情通过重章叠句的形式得到充分展现，并在一唱三叹中也深深打动了读者。

《诗经》本身是一部音乐歌集，其音乐特点也完美地体现在以重章叠句手法著称的《魏风 · 木瓜》中，此诗每章开头的“投我以木瓜”“投我以木桃”“投我以木李”，极具动感，使诗歌充满了音乐美和节奏感。

从章句结构上看，这首诗很有特色。首先，重章叠句的安排在这首诗中尤为明显：每章的前、后两句高度重合，因为“木瓜”“木桃”“木李”这三个名词其实指的是同一种水果的名称;“琼琚”“琼瑶”“琼玖”也都是同一种美玉的名称。

你赠给我木瓜，我回赠你美玉。诗人在一唱三叹间，将真挚、纯洁的感情表达得淋漓尽致：回报的东西价值远大于受赠之物，这体现了一种人类的高尚情感，这种情感既可以是爱情，也可以是友情，总之，都是人类美好的情感。

这种情感重要的是心心相印，是精神上的契合，因而回赠之物及其价值的高低在此实际上也只具有象征性的意义，表现的是对他人、对自己的情意的珍视。珍重、理解他人的情意才是最高尚的情意。

《诗经》善于运用重章叠句来表达思想感情，使诗歌在音律和修辞上都达到了美的效果，增加了诗的音乐美，表达出细腻的情感。同时，重章叠句的形式也随时提醒着读者，这些诗原本是唱来听的，而不仅仅是写来看的。

《诗经》通过重章叠句、一唱三叹的艺术手法，将诗意反复递进、层层深入，以此渲染意境、深化主题、加强抒情，并使诗歌充满音乐的美感，达到了音乐感染力与文字表现力相得益彰的双重艺术成就。

（二）《离骚》中的文学意蕴

《诗经》和《楚辞》，是先秦文学史上的两座高峰。《楚辞》的作者屈原，被称为“千古辞宗”，也善于“自铸伟辞”。其品性高洁，端午节就是为了纪念他而设立的。《楚辞》是以楚地方言，名物而书写的一种新文体。文中常用“兮”字来抒发情感。楚辞体可以组建长短不一的句式，不受字数的控制，所以楚辞体较《诗经》容量大。楚辞的产生和楚国民间“巫歌”关系紧密，两者的共同特征是：从诗风言，想象富奇，铺排夸饰。

《离骚》是《楚辞》中的一篇。那么《离骚》是什么意思呢？“离，犹遭也；骚，忧也”，有“遭遇忧愁”和“离愁别绪”之意。《离骚》是我国古代篇幅最长的抒情诗之一，全诗 373 句，2 490 字。内容从历史到现实，从人间到仙界，从自然到社会，天风海雨，纷至沓来，不变的是诗人忠贞不渝的故国情结、追求崇高理想与九死不悔的精神。该诗既有民歌，也有散文的特点。语言丰富多彩，具有很强的艺术表现力。

《离骚》是屈原自叙生平的长篇抒情诗，他的情感和思想都熔铸在其中，包含着屈原的“美政”思想和爱国情感。屈原的政治思想，核心是要让君主向先王学习。但是他的政治抱负却遭到了庸臣奸佞的嫉恨和围攻。而怀王、襄王又昏聩不明。尽管如此，屈原仍不放弃，“路漫漫其修远兮，吾将上下而求索”。《离骚》写他上天下地寻求出路，正是他追求理想实现的形象描述。屈原这种对理想热烈追求，对宵小严厉斥责，爱憎鲜明的精神品格，给人留下深刻的印象。

《楚辞》中的《离骚》，是中国诗歌史上最早成形的一首“史诗”。它与《诗经》中的《国风》一道，被后人并称为“风骚”。《离骚》在中国古典文学史上，具有不可撼动的至尊地位。《离骚》的叙事，也具有非凡想象力与划时代的开创意义。因此它自问世以后，就一直被后世文人奉为神品并争相模仿，成为中国辞赋的源头。

与此同时，《离骚》中体现出来的爱国主义精神，以及对理想坚持不懈的追求和努力，也是中国文人精神力量的源头。《离骚》的第一个伟大之处，在于它在诗歌艺术形式上的创造性与开拓性。因为《离骚》的存在，中国后代的诗人便被世人称为“骚人”。后来我们评价划时代的伟大人物时，通常会说他“独领风骚”。《离骚》的第二个伟大之处，在于它那足以与日月争辉、光耀千古的思想。屈原首创的“香草美人”叙事，直接影响、激励了包括“诗圣”杜甫、陆游、辛弃疾等在内的无数爱国主义诗人。

《离骚》对中国士人的影响是潜移默化的，让他们在人生失意、事业受挫时，于内心反复强化与生俱来的责任感和使命感，鼓励他们为了理想而奋不顾身。因此，中国古代的文人才会称《离骚》为“千古文祖”。同时，这也是两千多年来，《离骚》一直受到后世文人称赞的原因。毫不夸张地说，自《离骚》问世二千多年来，它那光芒万丈的爱国主义思想与诗篇蕴含的巨大悲剧感染力，虽然一直被人模仿，但是却从未被超越。

《离骚》的艺术成就体现在以下几个方面。

（1）浓烈的激情和奇幻的想象。强烈的抒情与奇幻的想象相结合，营造恢宏、恣肆、杳渺的诗境，更深沉地展示了诗人理想幻灭的心路历程。当诗人彻底绝望，他将要远逝而又不忍离去的复杂心绪，借壮丽的想象、非人间所有的境界表现出来，显得真挚执着，美丽感人。

（2）峻洁纯美、独立不屈的抒情主人公形象。忠贞爱国，反受其难，却初衷不改；理想终于破灭，便以死殉国。《离骚》塑造了这样一个峻洁纯美、独立不屈的抒情主人公形象，具有象征的意味，表现了这篇抒情长诗的精神实质。

（3）比兴手法的拓展。引类譬喻：故善鸟香草以配忠贞，恶禽臭物以比谗佞，灵修美人以媲于君，宓妃佚女譬贤臣，虬龙鸾凤以托君子，飘风云霓以为小人。

（4）美人香草传统。“惟草木之零落兮，恐美人之迟暮。”《离骚》中的抒情和写景能浑融一体，情景不分。香草喻高洁，芳华易逝，与草木零落相联系，形成一种伤春感怀的情感主义。最后上升为君子对美好追求的把握，以及芳华易逝，壮志未酬的感慨。

（三）《春秋》中的美学意蕴

《诗》《书》《礼》《易》《乐》《春秋》为儒家六经，包含着自上古萌芽发展，经孔子整理，及至后世不断传承的中华文脉。其中《春秋》作为六艺之一，其意义和影响相对来说比较特殊。

《春秋》开创了一种历史书写的方式，影响了后世学者。在历史、思想以及文学等方面的贡献和影响可以看出，《春秋》具有亦史、亦论、亦诗的品格。从美学的角度讲，它于历史叙事中透露着情感之美，于说理论世中透露着道义之美，于文学表达中透露着诗性之美。

"美"是儒家关注的范畴。关于什么是美，《论语・学而》有："先王之道斯为美。"在孔子及其弟子看来，自先王尧开始，中国已经有了丰富的礼仪制度，"焕乎其有文章"(《论语・泰伯》)，此后经过夏商周三朝的发展，王道礼乐之制已经相当完备，呈现出美的特征。《论语・里仁》中又有："里仁为美。""仁"在孔子的思想体系中是一种全德，他将"亲仁善邻"视为一种完美的人格。《春秋》在亦"史"、亦"论"、亦"诗"的品格中体现了美的意蕴。

1. 说理论世中的道义之美

《春秋》于说理论世中展现了道义之美。按照司马迁的说法，孔子创作《春秋》的根本目的在于弘道。司马迁在《史记・孔子世家》中记述："子曰：'吾道不行矣，吾何以自见于后世哉？'乃因史记作《春秋》，上至隐公，下讫哀公十四年，十二公。据鲁，亲周，故殷，运之三代。约其文辞而指博。故吴、楚之君自称王，而《春秋》贬之曰'子'；践土之会实召周天子，而《春秋》讳之曰'天王狩于河阳'。推此类以绳当世，贬损之义，后有王者而开之，《春秋》之义行，则天下乱臣贼子惧焉。"

《春秋》记载了从鲁隐公到鲁哀公，历经十二代君主，共二百四十二年的历史。它虽为鲁国历史，但又不只是史书，而是超越了史书对某一时代的书写，成为弘扬义理、论治国之道、可以经世致用的经典。《春秋》以鲁国历史为记述中心，尊奉周王室为正统，借鉴殷朝的旧制，推崇夏商周三代文明，在简约的文辞中表达了深刻的褒贬之意。比如《春秋》称吴、楚两国国君为"子"，因为他们受封时都是子爵，虽然他们自称为王，与周天子平列，但《春秋》仍称他们为"子"，以表达贬削之意。再比如，鲁僖公二十八年，晋文公召集周天子与诸侯在践土会盟，确立其霸主地位。《春秋》则避讳说："周天子巡狩来到河阳"，以匡正当时社会的混乱局面。孔子弘扬《春秋》义法，为君臣正名，从而使乱臣贼子惧怕，不敢为所欲为。

另外，《史记・太史公自序》中也谈到了孔子作《春秋》以弘道的目的："周道衰废，孔子为鲁司寇，诸侯害之，大夫壅之。孔子知言之不用，道之不行也，是非二百四十二年之中，以为天下仪表，贬天子，退诸侯，讨大夫，以达王事而已矣。”在周朝王道衰败的背景下，孔子主张恢复夏商周三代之治，但未能推行，诸侯嫉害他，卿大夫阻挠他。孔子知道自己的意见和主张不被采纳，便通过褒贬评定二百四十二年间的是非，确立天下评判是非的标准，贬抑无道的天子，斥责为非的诸侯，声讨乱政的大夫，使王道之治通达。

《太史公自序》又言，子曰：“我欲载之空言，不如见之于行事之深切著明也。”晚年的孔子，不再寄希望于说教，而是在具体历史事件的著述中彰明是非善恶。“《春秋》是孔子整个生命的最后寄托”（韩钟文：《儒家文学理论及其现代价值》）寄寓了他最根本的精神主张。《太史公自序》评价《春秋》：“上明三王之道，下辨人事之纪，别嫌疑，明是非，定犹豫，善善恶恶，贤贤贱不肖，存亡国，继绝世，补弊起废，王道之大者也。”“拨乱世，反之正，莫近于《春秋》。《春秋》文成数万，其指数千。万物之散聚皆在《春秋》。”孔子在对具体历史事件、历史人物的描述中，寄寓其褒贬之意、王道理想、施行礼乐教化。他厘清人伦纲纪，明辨是非善恶，倡扬春秋大义，目的在于挽救国家危亡，整治社会衰敝，平定乱世，使之回归正道。

《春秋》彰显着道义之美，这道义即为春秋大义。据《史记》记载，《春秋》一书中记载了弑君事件三十六起，被灭亡的国家五十二个，诸侯出奔逃亡不能保其国家的数不胜数。考察其变乱败亡的原因，都是因为其不通晓作为立国立身根本的春秋大义、礼义之旨。“为人君父而不通于《春秋》之义者，必蒙首恶之名。为人臣子而不通于《春秋》之义者，必陷篡弑之诛，死罪之名。”“夫不通礼义之旨，至于君不君，臣不臣，父不父，子不子。夫君不君则犯，臣不臣则诛，父不父则无道，子不子则不孝。此四行者，天下之大过也。以天下之大过予之，则受而弗敢辞。”（《史记·太史公自序》）《春秋》之义，是人伦之大者，治国之大者。《春秋》之义行，则社会之善治显。

2. 历史叙事中的情感之美

美是一种至道、全德的状态，还是一种调和、中和的境界。《论语·尧曰》：“子张曰：‘何谓五美？’子曰：‘君子惠而不费，劳而不怨，欲而不贪，泰而不骄，威而不猛。’”无偏私，无所过，无所不及，中正平和，方可产生美感。因此，美是一种中正、舒泰、平和的状态。

道义之美需要情感的调和。道是有情感，有温度的，而不是冷冰冰的。“道”“德”“情”“仁”这四者之间是互相联系的，“道者，人之共同行为，而必当于个人各别之德性。德性则必有情，于是有人与人之同情，此即孔子之所谓仁。”（韩钟文：《儒家文学理论及其现代价值》）由道而成德，有德必有情，由情而生仁。道与德与情与仁相互交融。也正是有了情感的调和，道义才达到了和美的境界。《春秋》在倡扬道义的历史叙事中，常常透露着情感之美。

首先，《春秋》有实现大同世界的情怀。据今文经学公羊家的阐发，《春秋》之义包含“三世说”：在春秋十二公、二百四十二年的历史中，隐桓庄闵僖五公，名为“据乱世”；文宣成襄四公，名为“升平世”；昭定哀三公，名为“太平世”。梁启超在《孔子与儒家哲学》中说：“《春秋》由据乱、而升平、而太平，纯是进化的轨道。孔子盖深信人类，若肯努力，世运必日日向上，所以拿《春秋》作个影子。”故依公羊家的观点，《春秋》的最高理想是抛弃狭隘的国家、种族的概念，实现天下大同的太平盛世。《春秋》对社会历史的发展持进化乐观态度，具有理想主义情怀。

其次，《春秋》有重民心、重民意的情感取向。按照《春秋》的笔法原则，如果一个国君失去民意，那么他的被弑便以国称，表明他的被弑是罪有应得、人心所向。例如，成王十八年春正月戊申，书“晋弑其君州蒲”。《春秋公羊经传解诂》：“一人弑君，国中人人尽喜，故举国以明失众，当坐绝也。”晋国国君州蒲被弑，顺应了民意，故以国称其弑。如果一个国君失去民心，那么其亡国一事被《春秋》视为自亡。例如，僖十九年书“梁亡”，《传》云：“自亡也。”《春秋公羊经传解诂》云：“明百姓得去之君当绝者。”原本梁为秦国所灭，但《春秋》书其自亡，这表明梁国国君失去了民意，其亡国是咎由自取。

再者，《春秋》对是非善恶的褒贬本身便是一种感情表达。褒善贬恶不仅是一种思想倾向，更是一种情感取向，带有深厚的褒扬善行、贬抑恶行的情感色彩。《春秋》用隐晦的笔法表达对历史事件的评判和看法，透露出贬斥篡弑之举、褒奖让国之德、厌恶战攻侵伐、反对劳民伤民等鲜明的情感和立场。

3. 文学表达中的诗性之美

中国文化是诗性文化，诗味是其底色。钱穆在《中国文学论丛》中指出：“诗史为中国人生之轮翼，亦即中国文化之柱石……”凡中国古人善言者，必具诗味。其文亦如诗，惟每句不限字数，句尾不押韵，宜于诵，不宜歌。盖诗乐分而诗体流为散文，故散文亦可谓从诗体演来，其佳者必具诗味。相比较而言，中国史如一首诗，西洋史如一场剧。六艺（“六经”的另一种提法）作为中国文化的精神源头和奠基石，更是充满了诗性的艺术美感。单单从“六艺”这一名称上看，已足见其艺术性。《左传·襄公二十五年》有云：“言之无文，行之不远。”六艺之所以能够成为经典，其中一个重要原因是语言充满了艺术性。

具体到《春秋》的语言特点，《史记·孔子家语》称其“约其文辞而指博”。《春秋》“辞约而旨丰，事近而喻远”（刘勰：《文心雕龙·宗经》），既文辞简约，又寓意深刻，寄褒善贬恶之义于一字之中，体现出诗的特质。

《春秋》在鲁史原本的基础上进行笔削而成，因此语言更加精炼，内容更富有深意。《公羊传·庄公七年》:“不修《春秋》曰：雨星不及地尺而复。君子修之曰：星霣如雨。”八字精炼为四字，而且更有意境。《公羊传·隐公元年》:“元年春王正月。不修《春秋》，疑当作：一年春一月公即位。”“元”意味着创始,《春秋》修“一年春”作“元年春”意味着国君应继天奉元，遵循天道，以养成万物;“王”意味着新王受命,《春秋》称“王正月”，有新王受命于鲁之义；至于修“一月”为“正月”，是因为一月代表着政教之始，而“政者，正也”，故称“一月”为“正月”;《春秋》又删去“公即位”，是因为隐公有让国之德，为了成人之美,《春秋》从其意而不书“公即位”。通过对鲁史本的“笔则笔，削则削”,《春秋》的语言呈现出辞约而意远的诗性之美，即便“子夏之徒不能赞一辞”(《史记·孔子世家》)。

《春秋》作为一部一字褒贬的历史典籍，一部微言大义的思想论著，是中华民族的精神源头和艺术源头之一，其蕴含的道义、洋溢的情感、诗性的语言，都呈现出美的意蕴。

第五章 从国学中的历史典故看深刻的哲学道理

学习目标

历史典故既蕴含着深刻的哲学思想和人生道理，也体现着国学的深邃魅力。通过学习，学生能更加注重从国学典故中吸取哲学智慧。

1. 知识目标

了解典故中的道德伦理。

理解战略决策中的哲学智慧。

明确历史人物故事中的哲学智慧。

2. 能力目标

能够理解历史典故中的哲学智慧。

引导学生树立正确的世界观、人生观和价值观，从历史典故中汲取智慧，指导自己的生活和行为。

提高学生的分析思考能力，使其能够运用所学的哲学原理和思想精髓，分析历史事件和人物，理解其背后的哲学思想。

3. 素质目标

培养学生的爱国情怀和民族自豪感。

增强学生的社会责任感和使命感。

提升学生的道德素质和人文素养。

中华民族历史典故中蕴含的哲学思想博大精深，源远流长。这些典故不仅是文化遗产，更是智慧的结晶，对于我们理解人生、适应社会具有深刻的指导意义。

中华民族历史典故中蕴含的哲学思想是我们宝贵的精神财富。这些哲学思想不仅有助于我们认识世界、理解人生，更能指导我们的行为实践，帮助我们应对各种挑战和困难。我们应该深入学习和领悟这些哲学思想，将其融入日常生活中，不断提升自己的智慧和境界。

第一节 历史镜鉴：典故中的道德伦理观照

一、中华民族传统美德——千年积淀的精神瑰宝

中华民族传统美德，是指中国五千年历史流传下来，具有一定影响，可以继承，并得到不断创新发展，有益于后代的优秀道德遗产。概括起来就是：中华民族优秀的品质、优良的民族精神、崇高的民族气节、高尚的民族情感以及良好的民族习惯的总和。它标志着中华民族的“形”与“魂”。它也是我国人民两千多年来处理人际关系、人与社会关系和人与自然关系的实践的结晶。

（一）仁爱孝悌：以孔子提出的“仁者爱人”为核心

1.《论语》中的“己所不欲，勿施于人”

儒学的核心思想基本可以概括为“仁、义、礼、智、信”，俗称“五常”。“仁”指仁爱之心，对待任何事物都要具备以人为本的情怀。“义”有小义和大义之分，小义指有正义感，讲义气，是非分明，大义指具备家国情怀。“礼”指讲礼仪，重礼节，尊重他人也是尊重自己。“智”指大聪明，大智慧，把自己塑造成一个通晓大道理的智者。“信”指诚实守信，“一言既出，驷马难追”。

《论语》中的“己所不欲，勿施于人”，这是儒家伦理的金科玉律，强调了尊重他人和自我修养的重要性。大学生在日常交往中，应将此精神内化为待人接物的行为准则，做到推己及人，宽以待人，构建和谐人际关系。例如，春秋时期，子张问政，孔子回答：“居之无倦，行之以忠。”这体现出为政者需对百姓充满爱心与责任感，这也是仁德在政治领域的体现。

2.“二十四孝”故事

“二十四孝”故事是中国传统文化中关于孝道的重要载体，它反映了古人对于孝顺行为的尊重和追求。然而，由于这些故事多形成于封建社会，其中不可避免地包含了一些封建糟粕和与现代价值观相冲突的内容。

在“二十四孝”故事中，有些行为被过度神化或极端化，以展示孝子的孝心。这些行为在现代看来可能显得过于极端或不合理，例如“卧冰求鲤”中的王祥为了得到鲤鱼给母亲治病，在冬天“解衣卧冰”，这种不爱惜自己身体的行为在现代社会显然是不被提倡的。此外，还有一些故事中的孝道观念过于强调个人牺牲和家庭责任，而忽视了个人权利和自我实现的重要性。

因此，在传承和弘扬“二十四孝”故事时，我们需要进行批判性思考，做到取其精华、去其糟粕。我们应该重视其中蕴含的孝道精神，如尊敬长辈、关爱父母、尽孝尽责等，同时也要摒弃那些与现代价值观相冲突的内容。同时，我们也需要结合现代社会的实际情况，对孝道观念进行新的诠释和发展，以更好地适应现代社会的需求。

比如“木兰从军”。木兰是古时候的一名民间女子。从小练习骑马，正碰到皇帝招兵，她的父亲的名字也在名册上，她的父亲因年老多病而不能胜任，木兰便女扮男装，替父亲出征。“木兰从军”体现了木兰保家卫国的英雄气概，也有孝敬父亲的女儿情怀。

“二十四孝”故事是中华传统文化中极为重要的一部分，它们不仅传递了孝道这一传统美德，还蕴含了丰富的历史、文化和道德内涵。其中部分故事通过生动的人物形象和情节，展示了孝道的真谛和实践方式，对于现代社会依然具有深远的意义。比如“百里负米”“扼虎救父”等。

首先，“二十四孝”故事传递了尊老爱幼、尊敬长辈的传统美德。这些故事中的孝子们不仅对自己的父母孝顺有加，还对社会上的老人和长辈充满敬意。这种美德体现了中华民族的传统道德观念，也是现代社会中构建和谐社会、促进代际交流的重要基础。

再次，“二十四孝”故事还蕴含了丰富的历史文化内涵。这些故事大多发生在古代，通过讲述孝子们的生平事迹，不仅让我们了解了古代社会的风土人情和道德观念，还让我们感受到了古人对于孝道的深刻理解和实践智慧。这对于我们传承和弘扬中华优秀传统文化、增强文化自信具有重要意义。

最后，“二十四孝”故事对于现代社会依然具有指导意义。虽然现代社会的生活方式和价值观念发生了很大变化，但“孝道”这一价值取向依然具有重要意义。通过学习和传承“二十四孝”故事中的精神内涵，我们可以更好地践行孝道、尊老爱幼、构建和谐家庭和社会。同时，这些故事也提醒我们要珍惜当下、感恩父母、回报社会，为实现中华民族伟大复兴的中国梦贡献自己的力量。我们在追求个人发展的同时，不应忘记对家庭的责任与关爱。在大学阶段，尽管我们离家求学，但依然要通过电话问候、假期陪伴等方式表达对父母的孝敬之情。

（二）诚实守信：诚信为立身之本

季布以性情耿直、言出必行而著称，他的信誉非常高，与许多人建立了深厚的友情。当时楚地流传着这样一句话：“得黄金百斤，不如得季布一诺”，这就是成语“一诺千金”的由来。

季布在楚汉相争时期曾是项羽的部下，他多次为项羽献策，让刘邦的军队吃了败仗。后来，项羽战败，刘邦悬赏千金捉拿季布。但许多人都愿意保护季布，使他得以安全渡过难关。最终，季布因为他的诚信而受到汉王朝的重用，并被任命为河东郡守。

“一诺千金”意味着承诺的事情极为重要，不可轻言放弃。它强调了守信的重要性，是衡量一个人人品的重要标准。这个成语也提醒人们，信用是宝贵的，一旦失去，就难以挽回。因此，季布的故事成为教导人们信守诺言、讲究信用的经典案例。在现代社会中，需要坚守诚信原则，对承诺的事情必须全力以赴，这对于塑造良好的个人信誉和社会形象至关重要。

（三）勤俭节约：崇尚勤劳，反对奢靡

1. 陶侃运甓

东晋名将陶侃在广州担任刺史期间，为了避免生活过于安逸而消磨斗志，每天早晨将一百块砖从屋内搬到屋外，晚上再将它们搬回屋内。当这个习惯被问及时，陶侃回答说，自己正在致力于收复中原，不愿意过上过于安逸的生活，担心这样会失去担当重任的能力。陶侃身为高官仍保持清晨搬砖的习惯，以此警示自己珍惜光阴，戒除懒惰。对于当代大学生来说，这意味着勤奋学习，努力提升自身能力，同时也要养成勤俭节约的良好习惯，抵制过度消费和浪费行为。

2.“一粥一饭，当思来处不易”

“一粥一饭，当思来处不易；半丝半缕，恒念物力维艰。”出自明末清初朱柏庐的《治家格言》，意思是：吃每一碗粥、每一碗饭时，应该想想这粥、饭里有多少人的付出，多少能源的消耗，真的是来之不易；我们生活所需的每半根丝、每半缕线，都要常常想想其中包含几多物质能源和几多人的心血，应该好好珍惜。

这句话告诫人们养成勤俭节约的美德要从日常生活、穿衣吃饭做起，不要铺张浪费。切莫把日常微小的事物看轻了，从而不知珍惜。要知道每一样东西的背后有多少人的辛勤付出，有多少能源的消耗；桩桩件件来之不易。我们要懂得感恩和珍惜资源，提倡节约型生活方式，并将其落实到日常生活细节之中，包括合理使用公共资源，积极参与环保活动等。勤俭不是吃苦，而是对有限资源的珍视。面对我们生活中随处可见的奢侈、浪费现象，每年的 10 月 31 日，被联合国确定为“世界勤俭日”，而我国也及时提出了“建设节约型社会”

的号召。勤俭节约是一种传统美德，是中华民族的优良传统。一个没有勤俭节约、艰苦奋斗精神作支撑的国家是难以繁荣昌盛的；一个没有勤俭节约、艰苦奋斗精神作支撑的社会是难以长治久安的；一个没有勤俭节约、艰苦奋斗精神作支撑的民族是难以自立自强的。

（四）公正廉洁：崇德向善，明理守正

1. 包拯铁面无私

包拯以其刚正不阿、执法如山的形象成为公平正义的象征。包拯性情严峻刚正，为人刚强坚毅。他小时候经常听说书，尤其憎恶贪官污吏，从小立下壮志，要考取功名，为百姓申冤做主。包拯于宋仁宗天圣五年（1027 年）考中进士，授任大理评事，出任建昌（今江西永修）知县。因父母年迈，包拯辞去官职，回家赡养父母，直到父母去世守丧期满后，于景祐四年（1037 年）赴京听选，获授天长（今属安徽）知县。

包拯为官以廉洁著称，他执法严峻，不畏权贵。庆历元年（1041 年），任端州（今广东肇庆）知州。端州出产一种名砚——端砚，其作为向朝廷进贡的贡品。由于官吏大量贪污，导致端州每年进贡端砚数量不断增加，人民不堪重负。包拯上任后，下令只按规定数量进贡，任何官员不得加码、贪污，一扫往日贪风，从而减轻了人民的负担，而后来包拯离任时，连一方端砚也没有带走。庆历三年包拯任监察御史及知谏院，为肃正纲纪，惩处贪官赃吏，他弹劾贩卖私盐以牟取暴利的淮南转运按察使张可久、汾州（今山西汾阳）知州任弁及监守自盗的宋仁宗亲信太监阎士良等。为了弹劾势力最大、引起民愤的江西转运使王逵，包拯连续七次弹劾，最后一次更直接指责宋仁宗说："今乃不恤人言，固用酷吏，于一王逵则幸矣，如一路不幸何！"其言激切刚直，朝野震动，舆论汹汹，朝廷终于罢免了王逵。包拯任御史中丞时，又先后弹劾利用职权贱买富民邸舍的张方平及"在蜀燕饮过度"的宋祁，使朝廷罢免二人的三司使之职。由于包拯敢于弹劾权幸，当时社会上出现了"包弹"的谚语，世人凡见官吏"有玷缺者，必曰：'有包弹矣。''包弹'之语遂布天下"。

作为未来社会建设者的大学生应该从包拯身上汲取力量，秉持公正公平的原则，敢于同不良现象作斗争，坚守职业道德和法律法规。

2. 杨震拒贿"四知"

杨震（59—124），字伯起，东汉弘农华阴（今陕西华阴）人。曾任刺史相、太守、太尉等职。其为官清廉，不谋私利，始终以"清白吏"为座右铭，严格要求自己，"不受私谒"。杨震调任东莱太守赴任途中，路经昌邑，"暮夜

却金”，拒收昌邑县令王密礼金，留下“四知太守”的美称。

杨震20岁起自费设塾授徒，淡泊无欲，清静自守；50岁出仕任职，唯才是举、清正廉洁。他一生洁身自好、恪尽职守，选贤任能、勤政廉洁，不畏强御、敢于直谏。他提出要注意倾听百姓的怨愤和不满，用以修正治国理政中的缺点和错误，用德行去教育感化人民，以便让百姓畅所欲言，广泛采纳众议、集思广益。

杨震在面对诱惑时坚持清廉自守，体现了高尚的职业道德操守。大学生在踏入社会后可能会面临各种诱惑和挑战，应以杨震为榜样，培养正确的价值观和坚守道德底线的信念，真正做到廉洁自律。

综上所述，深入挖掘并传承中华传统美德，有助于大学生在人格成长和价值塑造过程中形成健全的人格品质，更好地适应社会发展需求，承担起社会责任。

历史典故中往往蕴含着中华传统美德，如诚信、仁爱、忠诚、勇敢等。这些美德不仅是古代人们的行为准则，也是现代大学生应该具备的品质。通过学习历史典故，大学生可以更加深入地理解这些美德的内涵，从而在日常生活中践行这些品质，形成良好的道德风尚，让传统美德在新的时代背景下焕发出更加璀璨的光芒。

二、多元道德观念的碰撞与融合——思想激荡下的伦理智慧

在中国历史上，不同的哲学流派、社会思潮以及外来文化的影响共同构建了丰富多彩的道德观念体系。本节将以典故为切入点，探讨多元道德观念在历史进程中的碰撞、交融及其对现代伦理价值的启示。

中华民族的道德，从根本上来说是由中华传统美德塑造的。中华传统美德是中华民族在长期共同的道德生活中逐渐建构的优良道德传统，它既属于每一个中华儿女，又属于整个中华民族。中华儿女受到中华传统美德的熏陶，中华传统美德对中华民族的道德发挥着强有力的塑造作用。

（一）百家争鸣与道德观念多元化

儒家主张以仁爱为核心的人性论和道德修养，孔子提倡“己所不欲，勿施于人”，孟子强调“人性本善”；而法家主张法治至上，韩非子提出“法不阿贵”。两者看似对立，但在中国古代社会治理中，儒家注重教化，法家注重规范，二者相辅相成，形成了一种内在的平衡与互补。如《吕氏春秋》中的故事

“刻舟求剑”，体现了法律规则与道德教化的结合。

道家追求无为而治，老子倡导“上善若水”，主张顺应自然，尊重个体生命的自由发展；儒家则重视社会责任与道德规范。例如，“庖丁解牛”的故事不仅揭示了道家随顺自然、技艺精湛的哲学思想，也体现了儒家敬业乐群、德行兼备的精神追求。

（二）佛教传入与中国传统道德的交融

佛教传入中国后，其因果报应理论对中国传统道德产生了深远影响。如“目连救母”的故事反映了孝道在佛教教义中的重要地位，表明了佛教与儒家道德在实践层面上的高度契合。

禅宗强调内心的自觉与顿悟，这与儒家的心性修养及道家的自然之道产生了共鸣。例如，“磨砖作镜”的典故展示了禅宗修行者如何通过实际行动去实现精神境界的提升，从而丰富和发展了中华道德伦理的内涵。

（三）对外文化交流中的道德观念接纳与调适

丝绸之路作为东西方文化交流的重要通道，促进了多种道德观念的碰撞与交融。如玄奘西行取经的故事，不仅带回了丰富的佛学经典，也为中国传统文化注入了新的道德理念和思考维度。

明清之际，西方宗教伦理、科学精神等开始传入中国，如利玛窦来华传播天主教，将西方的“博爱”观念与儒家的仁爱思想进行对话，推动了中国传统道德观念与西方价值观的交流。

多元道德观念的碰撞与融合是中国历史发展过程中的重要特征，它塑造了中华民族兼容并蓄、与时俱进的伦理价值观。对于当代大学生而言，理解这些典故背后的道德伦理冲突与融合，有助于培养开阔的视野和包容的心态，深入挖掘并传承优秀的道德文化遗产，同时能够在全球化背景下积极借鉴他国优秀道德理念，促进个人品德修养和社会伦理水平的不断提升。

三、家风家训的影响力——薪火相传的家庭教育智慧

传统家训思想是中国传统文化的重要组成部分。传统家训思想中蕴含着严于律己、互帮互助、读书治学、和睦相处、尊老爱幼的思想内涵。在中华民族五千多年的发展过程中，家训有着十分重要的历史地位，它指引着我们不断前进。进入新时代，家风建设更需要继续发扬传统家训思想，在实践中不断进行

创新，不断推进社会主义精神文明建设。

（一）家风家训的历史渊源与文化价值

家风家训是中国传统文化中独特的家庭教育方式，它源于家族对先祖言行的传承与颂扬，是对家庭成员行为规范和精神追求的高度凝练。从《周易》中的“积善之家必有余庆，积不善之家必有余殃”到《颜氏家训》《朱子家训》等经典家训，家风家训在千年历史长河中成为维系社会秩序、传承优良道德风尚的重要载体。

家风家训蕴含着丰富的道德伦理观念，如孝悌忠信、勤俭节约、谦逊好学、公正廉洁等，这些理念通过家庭教育的形式深深烙印在每一个家庭成员的心中，影响着个体的价值取向和社会的行为准则。同时，良好的家风、家训有助于构建和谐的家庭氛围，培养良好的公民素质，促进社会稳定发展。

（二）典故中的家风家训及其现实启示

1.“孟母三迁”与环境育人

孟子很小的时候，父亲就去世了，孟母依靠纺织来维持艰难的生活。孟子非常聪明，看见什么就学什么，而且模仿本领特别强。

起初孟子家在墓地附近，每隔几天，就会有送葬的队伍经过他家门口。好奇的孟子就跟着送葬的队伍学，引得一群孩子跟在他后面跑着玩儿，大家一起玩送葬的游戏。孟母非常重视孟子的教育问题，看到孟子整天玩送葬游戏，赶紧就把家搬到了城里的屠宰场旁边。搬到城里后，孟子每天都到屠宰场去看杀猪，那些屠夫杀猪时手脚利落，十分熟练。孟子看在眼里，记在心上。没过多久，他竟然能帮着杀猪了。孟母非常着急，又把家搬到了学堂附近。于是，每天早晨，孟子都跑到学堂外面，摇头晃脑地跟着学生们一起读书，并且变得守秩序、懂礼貌。后来，孟子果然没有辜负孟母的期望，成为战国时期的思想家和儒家学派代表人物。

孤儿寡母，搬一次家绝非易事，而孟母竟不怕麻烦地多次搬家，可见孟母深知环境对儿子成长的重要性。常言道“近朱者赤，近墨者黑”，这个道理在孟子的成长过程中体现得尤为明显。世间万物的发展都有内、外两重因素，相互影响又相互制约。少年儿童的成长也不例外，其天赋秉性与是否刻苦用功是起决定性的内因，而外部环境，包括家庭和学校教育以及社会影响，也有很重要的作用。孟母三迁的故事告诉人们，环境对孩子成长和生活十分重要，好的环境可以促进孩子健康成长，而恶劣的环境则可能使孩子也跟着学坏。

“孟母三迁”的故事深刻体现了家庭教育对于子女成长的重要性，以及父母对良好生活环境的选择对孩子的深远影响。现代大学生应当理解父母在自己成长过程中的良苦用心，同时也应注重自我修养，选择积极健康的社交圈子和学习环境。

2. 曾国藩家书与修身养性

曾国藩，清朝晚期杰出的政治家、军事家、理学家，被誉为“晚清第一名臣”。他的家书不仅是他与家人沟通的桥梁，更是他修身养性、勉励后人的智慧传承。这些家书，集中体现了曾国藩关于立志、修身与养性的思想，对于今人仍有重要的启示意义。

曾国藩在《勉君子应立志》这篇家书中写道：“君子之立志也，有民胞物与之量，有内圣外王之业，而后不忝于父母之生，不愧为天地之完人。”提倡立志要立为民之志、圣贤之志。圣贤之志正是古人最为重视的志向，其核心是强调个人道德修行。一个人只有明确了自己的志向，才能有针对性地努力，不断向目标迈进。立志高远，可以激发我们奋进的动力，使我们在人生的道路上始终保持积极向上的态度。

修身是曾国藩家书中的重要内容之一。他认为，一个人的道德品质是其立身之本，修身是成就事业的基础。他倡导诚信、孝顺、廉洁、勤奋等品质，认为这些品质是一个人走向成功的关键。通过修身，我们可以培养自己的道德品质，提升人格魅力，赢得他人的尊重和信任。

养性是曾国藩家书中的另一重要观念。他认为，一个人的性情与气质对其人生轨迹产生深远影响。养性的核心在于保持平和的心态，面对生活中的喜怒哀乐，都能以一颗平常心对待。这样，无论在何种境遇下，都能保持清醒的头脑，作出明智的决策。养性还能涵养内在的气质，使人在举手投足间流露出一种从容、优雅的风度。

在实践中，我们应该首先明确自己的志向。立志的过程需要深思熟虑，结合自己的兴趣、天赋和社会需求，制定出一个符合实际的目标。这样，我们就能在人生的道路上有了明确的方向，避免迷失在纷繁复杂的世界中。

曾国藩通过一封封家书传递出严谨的治家理念和崇高的道德理想，如“勤俭自持，习劳习苦，可以处乐，可以处约”。大学生阅读曾国藩的家书不仅能领略到传统家风家训的魅力，还能知行结合，在日常生活和未来职业生涯中践行其中所提倡的勤奋、自律和敬业等精神。

3. 林则徐家训与社会责任

林则徐最为人称道的一件事莫过于虎门销烟，而他最为人称道的言论莫过于“苟利国家生死以，岂因祸福避趋之”。林则徐是清廷重臣，位高权重，同时又历经宦海浮沉，不论是从其官职地位来看，还是从其后世家族考虑，他都应该为自己的子孙留下家产，以备不时之需。但他却在家书中教诲子女:“惟念产微息薄，非俭难敷，各须慎守风，省啬用度，并须知此等薄业购置甚难，凡我子孙，当念韩文公‘辛勤有此，无迷厥初’之语，倘因破荡败业，即非我之子孙矣。”林则徐告诫子女立家业不易，须以勤俭为守家之本，要求子女养成勤俭节制的习惯，不可因奢靡无度而败家。相比于当今父母不惜耗尽心力给子女提供最佳的物质条件，林则徐对子女精神意志的培养更为看重。“授人以鱼，不如授人以渔”，父母为子女的生活考虑而积攒财富是人之常情，但父母爱子更要分主次、计长远，要给子女留下比财富更为重要的东西。

林则徐还提出了“十无益”格言，强调了德行修养、诚信立身及对国家民族的责任感。这对于当代大学生来说，意味着要树立正确的人生观、价值观，不仅要关注个人成就，更要心系家国天下，勇担社会责任。

（三）家风家训在现代社会的传承与创新

在物质生活日益丰富、价值观念多元化的今天，优秀的家风家训仍然是构筑社会主义核心价值观的重要基石。大学生群体作为未来社会的建设者和接班人，有必要深入了解并自觉传承中华优秀家风家训，使之在新的时代背景下焕发出新的生命力。

高校教育应重视将家风家训融入校园文化建设，通过举办讲座、开展实践活动等形式，引导大学生深入理解并实践家风家训的精神内涵，进而推动校园风气的净化和提升。

面对新时代的要求，大学生要在继承传统家风家训的基础上，结合时代特点和自身实际，倡导科学、民主、平等、法治等现代道德理念，形成既有传统底蕴又具时代特征的新一代家风家训，为实现中华民族伟大复兴提供强大的精神动力。

家风家训作为中华优秀传统文化的重要组成部分，其影响力历久弥新。大学生群体在学习和实践中，应当深入挖掘和传承家风家训的精髓，将之转化为自身的道德品质和人格力量，以此塑造健全的人格，促进个人全面发展，并在全社会范围内传播和弘扬家风家训，共同营造和谐美好的社会氛围。

第二节　智谋春秋：战略决策与哲学智慧

一、博弈论在历史战略中的应用——解读古人智慧的新视角

（一）博弈论的理论概述及其在历史战略中的作用

博弈论，源于现代数学和社会科学领域，是一种分析和研究决策者之间策略互动行为的理论体系。它揭示了在竞争与合作过程中，不同个体如何根据对方的行为选择最优策略，从而达到利益最大化或损失最小化的目标。将博弈论引入对历史战略的研究中，不仅有助于我们理解古代军事、外交、政治等领域的深层逻辑，更能让我们从全新的角度审视古人的决策智慧。

（二）中国古代战略中的博弈论实例

1. 三国时期的赤壁之战

赤壁之战，是指东汉末年孙刘联军于建安十三年（208 年）在长江赤壁（今湖北省赤壁市西北）一带大破曹操大军的战役。这是中国历史上著名的以少胜多、以弱胜强的战役，也是继“阖闾破楚”之后的又一次在长江流域进行的大规模江河作战。

曹操率军二十万众顺江而下。孙权命周瑜、程普为左右都督，鲁肃为赞军校尉。周瑜率精军三万沿江而上至夏口，联合屯驻樊口的刘备军一起溯长江西进，与曹军相遇在赤壁。此时曹军众多士卒已染疾病，初次交战，曹军败退，暂驻扎于长江北岸乌林地带，周瑜等人驻扎于长江南岸，双方隔江对峙。周瑜利用曹操的骄傲轻敌，纳部将黄盖之议采用火攻，设计诈降，命其率小战船十艘，上装柴草，灌以膏油，假称投降，向北岸而进，至离曹营二里之处时，各船一齐点火，然后借助风势，直向曹军冲去，曹军大败，舟船被烧，延及岸上曹营而伤亡惨重，曹操又下令将剩余的曹军舟船都予以烧毁，然后撤退，又因为士卒饥疫而死者大半。

赤壁之战中，孙权、刘备在强敌进逼关头结盟对敌，扬水战之长，巧用火攻，创造了中国军事史上以弱胜强的著名战例。此战为三国鼎立奠定了基础。

赤壁之战是典型的多方博弈案例。曹操以绝对优势兵力南下，刘备与孙权面临的是“合纵连横”的困境。诸葛亮通过舌战群儒，说服孙权联盟抗曹，最

终孙刘联军采用火攻战术击败曹军，体现了双方在不确定环境下深思熟虑的博弈决策过程。

2. 春秋战国时期的合纵连横

合纵连横简称“纵横”，是战国时期纵横家所宣扬并推行的外交和军事政策。

公孙衍和苏秦曾经谋划“天下之士合从（纵）相聚于赵而欲攻秦”，公孙衍首先发起，由苏秦游说六国推动六国最终完成联合抗秦。秦在西方，六国在东方，因此六国土地南北相连，故称“合纵”；后秦国自西向东与各诸侯结交，自西向东为横向，故称“连横”。

在战国时期，苏秦、张仪等人凭借出色的游说之才，运用博弈论思想，在诸侯之间巧妙地构建合纵或连横的战略关系，通过调整联盟结构，影响国家力量对比，展现了高超的政治博弈技巧。

3. 孙子兵法中的博弈思想

《孙子兵法》中哲学思想的根源，有很大一部分来自“道”“阴阳”“四时”“五行”等中国传统的数术的思想，这是中国古代文明特有的宇宙论的产物，是中国传统文化的重要基础，因此，它的整套思想体系从一开始就和西方战略思想是不同的，是建立在不同的哲学基础之上的。东方传统哲学思想的根基，赋予了《孙子兵法》经久不衰的生命力。《孙子兵法》中的“道”，正如孔子和老子都是从他们自己所定义的“道”这个哲学本体出发来演绎其哲学，《孙子兵法》之中，“道”也是处在第一位的因素。《孙子兵法》在开篇就讲到，兵者最根本的五个要素“一曰道，二曰天，三曰地，四曰将，五曰法”，古今中外，运筹帷幄内、决胜千里外者皆离不开这五个要素，而取胜的关键首先就是“道”，正所谓“善用兵者，修道而保法，故能为胜败之政”。在《孙子兵法》的语境中，“道”也有其独有的意义，即“道者，令民与上同意也，可与之死，可与之生，而不畏危也”。用现在的话说，就是激发所有人民的士气，达到全国上下一心，同生死共患难，这是战争取胜的根本，是其他一切因素得以发挥作用的前提。

孙子兵法中的“虚实”“奇正”等概念，实际上蕴含着丰富的博弈论元素。如“故能而示之不能，用而示之不用”，即是在军事对抗中通过信息不对称来误导对手，实现己方战略目标。

（三）博弈论对现代大学生的战略思维培养

理解博弈论的基本原理，可以引导大学生形成系统、理性的决策习惯，学会在复杂环境中分析各方利益诉求和可能的反应，做出有利于自身的决策。

博弈论强调预判对手的行为并据此制定策略，这要求大学生在思考问题时具有开阔视野和预见性，能够在多因素相互作用的情况下进行长远规划。

在现代社会，无论是在学校还是职场，都离不开团队合作与竞争。通过对历史战略中博弈论的学习，大学生可以深刻体会如何在团队博弈中寻求共赢，进而提高沟通协调能力。

以上对博弈论在历史战略中的应用探讨，旨在帮助大学生深入理解古人的决策智慧，并将其转化为实际生活和未来工作中的战略思维工具。希望同学们在领悟古人智慧的同时，能够结合现代博弈论理论，不断提升自己的分析决策能力，为塑造具有高度洞察力、创新思维和良好沟通协作能力的复合型人才奠定基础，真正做到"感悟经典国学，助力塑形铸魂"。

博弈论作为一种强大的战略分析工具，贯穿于历史长河中的各类战略决策之中，展现了一种深刻的哲学智慧。通过学习博弈论在历史战略中的应用，大学生不仅能够掌握一种科学而系统的决策方法，还能培养自己在面对复杂问题时做出明智抉择的能力。同时，这也为我们理解和探索人类社会的发展规律提供了全新的视角和思路。在今后的学习和实践中，希望同学们能不断拓展对博弈论的认知边界，并将其融入自己的专业学习和人生规划之中。

二、中国历史上时间与空间的权衡——时空策略在战略决策中的运用

在中国悠久的历史中，时间与空间一直是相互影响的两个维度。时间与空间的权衡不仅体现在历史的记录与解读上，也深刻地影响了中国的社会结构和文化传统。

在时间维度上，中国历史具有连续性和变革性的双重特点。一方面，中国的历史悠久而连续，几千年的文明史使得中国人对时间的流逝有着深厚的情感。这种对时间的尊重使得中国人在面对变革时，常常持有审慎和保守的态度，不愿轻易打破既有的秩序和平衡。

在空间维度上，中国历史上的权衡则表现为对地理环境的适应与改造。中国地域辽阔，地形多样，这使得中国人在空间利用上需要充分考虑到自然环境的限制和可能性。古代的农业社会，中国人通过水利建设、土地开垦等方式，不断适应和改造自然环境，实现了对空间的有效利用。同时，这种对空间的改造也反过来影响了中国人的时间观念，使得中国人更加注重在有限的空间内，

通过时间的积累来实现生活的改善和社会的进步。

总的来说，中国历史上时间与空间的权衡体现了中国人对自然和社会的深刻理解。这种权衡不仅塑造了中国的历史轨迹，也影响了中国人的思维方式和行为习惯。在今天，我们仍然可以从这种权衡中汲取智慧，思考如何在不断变化的世界中，保持对时间的尊重和对空间的合理利用，以实现社会的可持续发展。

（一）时空观念在古代战略思想中的地位

在历史上，时间与空间一直是战略家们制定决策时的重要考量因素。“天时不如地利，地利不如人和”,《孟子》中的经典论述，充分体现了时间（天时）、空间（地利）与人心（人和）在战略决策中的相互关系和重要性。

时间被视为战略行动的先决条件，如孙武提出的“兵之情主速”，强调军事行动要抓住有利时机，快速出击，避免错过战机。又如诸葛亮“七擒孟获”，通过多次释放并再次俘虏孟获，逐渐消磨其抵抗意志，最终实现南疆的稳定，这就是对时间耐心等待与利用的典型范例。

空间则关乎战场选择、地形利用等关键问题。孙子兵法中的“故善战者，能为不可胜，不能使敌之可胜”体现了选择有利地形，建立稳固防御阵地的重要性。例如赤壁之战中，周瑜巧妙利用长江水道，借东风之势火烧曹军，成就了以弱胜强的经典案例。

（二）时空策略在历史事件中的应用

1. 楚汉相争中的鸿沟之约

汉高祖四年（公元前 203 年），楚汉相争时期，汉高祖刘邦派遣侯公向西楚霸王项羽求和，项羽同意。双方约定，中分天下，割鸿沟以西者为汉，鸿沟以东者为楚。九月，项羽归还刘邦父太公、妻子吕氏，军中皆呼万岁。史称“鸿沟之约。”

立约后，项羽引兵解而东归；刘邦从张良、陈平计，发使者使韩信、彭越皆引兵来，追击项羽，最终将楚军围于垓下，大破之，取得了对楚战争的决定性胜利。

楚汉战争后期，当时刘邦与项羽在荥阳（今河南郑州）对峙数年，双方力量均有所消耗。这时，刘邦适时提出以鸿沟为界，暂时休战。这一决策充分利用了时间优势，一方面让己方得以喘息恢复，另一方面也让项羽放松警惕，从而为之后的垓下决战创造了有利条件。

2. 三国时期刘备入蜀的战略转移

刘备采纳诸葛亮“隆中对”的战略构想，审时度势，荆州北伐失败后迅速转战益州，这一空间转移不仅避开了与曹操正面交锋的风险，还成功实现了实力的壮大，为后来“三分天下”奠定了基础。

（三）时空权衡在现代战略决策中的启示

1. 战略持久与短促攻势相结合

古代战略家们在时间运用上的精妙之处，对于现代社会的战略规划同样具有借鉴意义。在商业竞争、政策制定乃至国际关系等领域，恰当把握时机进行战略布局或发起短期攻势，往往能够取得意想不到的效果。

2. 地域环境与空间拓展

在全球化背景下，国家和地区的发展战略中，如何有效利用地理优势，优化资源配置，以及在全球范围内进行战略空间布局，成为决定其发展速度和质量的关键因素。理解古人的空间策略，有助于我们更好地理解和实践区域发展战略。

中国历史上关于时间与空间权衡的诸多案例，无不体现出古人深邃的战略智慧和哲学思考。通过对这些案例的深入剖析，大学生不仅能领略到古人的卓越才智，更能从中汲取宝贵的经验教训，学会在复杂多变的现实环境中灵活运用时空策略，提升自身的战略思维能力，有助于其塑造坚定的信念和高尚的灵魂，以便在未来的人生道路上做出明智而富有远见的决策。同时，也希望大学生能够在学习与实践中，将这种时空智慧融入专业领域，推动社会发展进步，弘扬中华优秀传统文化。

三、治国理政的哲学智慧——历史长河中的策略与德行并重

（一）中国古代治国理念的哲学基础

在中国的历史长河中，众多卓越的政治家和思想家以深厚的哲学底蕴为依托，形成了丰富而独特的治国理政智慧。儒家倡导的“仁”“礼”，道家提出的“无为而治”，法家主张的“法治”等理论体系，均是基于对人性、社会秩序及自然规律深刻理解的哲学思考。

1. 儒家仁政思想的实践应用

儒家强调以“仁爱”为核心，提倡君主应具备“亲民”之德，推行“教

化”之政，如孔子提出的“为政以德，譬如北辰，居其所而众星共（拱）之”，以及孟子的“民为贵，社稷次之，君为轻”。大学生应当学习这种以人为本、和谐治理的社会理想，培养社会责任感和人文关怀精神。

2. 道家无为而治的理念解析

道家主张顺应自然法则，通过“无为”的方式达到社会治理的目的。例如老子所言：“我无为，而民自化；我好静，而民自正。”此观点强调统治者应减少不必要的干预，让民众在宽松自由的环境中自我发展和调整，这对于现代管理科学和公共政策制定具有重要的启示意义。

3. 法家依法治国的智慧体现

法家重视法律制度建设，认为“法不阿贵，绳不挠曲”，韩非子提出“明主治吏不治民”，强调法治对于维护社会公平正义的重要性。当代大学生在理解和探讨现代社会法治问题时，可以从法家思想中汲取关于公正、公平和规范化的理性智慧。

（二）治国理政哲学智慧的生动展现

1. 唐太宗的贞观之治

唐太宗吸取隋朝速亡教训，采取了纳谏如流、宽简刑罚、减轻赋税、开疆拓土等一系列政策，实现了国家富强、百姓安乐的局面。唐太宗在位期间，国泰民安，军事力量强大，经济发展繁荣昌盛，社会安定。后人称他在贞观年间的统治为“贞观之治”。他的统治既体现了儒家的仁政理念，又采纳了道家的“无为而治”，同时建立了严格的法制保障，彰显了综合运用各种哲学智慧进行有效治理的能力。

2. 清朝初期康熙帝的文治武功

康熙帝面对复杂的内外形势，一方面坚持儒家仁政，注重教育并以科举选拔人才，另一方面积极采用法家手段整肃吏治，强化中央集权。他灵活运用多种治国理念，妥善处理民族关系，维护了国家统一和社会稳定。清朝前期中国的疆域面积，达到了空前的 1 316 万平方千米。

（三）现代视角下的治国理政哲学智慧的反思与借鉴

1. 以人为本的执政理念

传承古代先贤的治国理念，现代国家治理更加强调以人民为中心的发展思想，将满足人民日益增长的美好生活需要作为目标，实现人的全面发展和社会全面进步。

2. 法治与德治相结合

现代社会治理既要尊重法律的权威性和强制性，又要发挥道德约束的力量，实现法律和道德相辅相成，共同构建和谐有序的社会环境。

3. 持续创新与改革的精神

在快速发展的现代社会，领导者必须具备敏锐的洞察力和强烈的创新意识，不断推动治理体系和治理能力现代化，实现社会的可持续发展。

面对纷繁复杂的现实世界和不断涌现的新情况、新问题，中国共产党历来高度重视哲学在治国理政中的重要作用。早在革命战争年代，我党就十分注重将马克思主义哲学与中国实际相结合，创造性地解决中国革命的实际问题。“以史为鉴，以史明志”，习近平总书记多次引用中国古代典籍阐明其治国理念和执政方略，用辩证唯物主义和历史唯物主义的科学方法观察时代变化和社会变革趋势，提出一系列具有深刻内涵的重大战略思想和理论创新成果。这些思想和理念既是对中华优秀传统文化的继承和发展，也是对马克思主义哲学的丰富和创新。

党的十八大以来，习近平总书记反复强调要善于运用马克思主义哲学世界观和方法论指导治国理政实践，“学习掌握唯物辩证法的根本方法，不断增强辩证思维能力”，“坚持实事求是的思想路线”。这充分体现了对马克思主义哲学的重视和运用马克思主义哲学分析问题的思维方式和工作方法的重要性。这种思维方式和工作方法不仅是我们认识世界和改造世界的锐利武器，更是我们党制定正确路线方针政策的重要依据。

总之，习近平总书记治国理政的哲学智慧是建立在深厚的理论基础之上并经过长期实践检验形成的宝贵财富。它不仅是指导中国特色社会主义事业不断前进的科学世界观和方法论基础上的重要法宝之一，也为推动构建人类命运共同体提供了重要的思想资源和价值引领作用。

从对古代治国理政哲学智慧的深入剖析，旨在引导大学生深入了解我国悠久的历史文化积淀，汲取古人高瞻远瞩的战略思维和深邃广博的人生智慧。在未来的职业规划乃至个人生活中，希望同学们能够结合古今中外的优秀思想资源，塑造出符合时代要求的价值观和世界观，用实际行动助力国家和社会的发展进步，践行“感悟经典国学，助力塑形铸魂”的核心要义。

第三节　人生启示：历史人物言行的哲学诠释

一、命运与选择的辩证关系——历史长河中的抉择智慧

（一）命运与选择的概念

命运，通常被视为一种既定的人生轨迹和不可抗的力量，它涵盖了出身背景、时代环境等客观因素对个体的影响。而选择，则是个体在面对生活中的种种境遇时，基于主观意愿做出的决定和行动。两者之间存在着深刻的辩证关系：一方面，人们生活在一定的社会历史条件之下，受到命运的某种程度的制约；另一方面，人们通过自身的认知、意志和行动，积极主动地塑造自己的人生道路。

（二）历史人物的命运与选择案例分析

1. 屈原的命运与选择

屈原作为战国时期楚国的贵族，他的命运深受楚国政治局势的影响。然而，面对楚怀王的昏庸无道以及国家的衰落，屈原并未消极接受命运的安排，而是选择了坚守理想、忠诚报国，他的《离骚》等作品流芳百世。尽管个人命运坎坷，但其精神选择却赢得了永恒的生命力。

屈原的精神品质在后世得到了广泛的传承和弘扬。历代文人墨客纷纷以屈原为榜样，在诗歌创作中表达对国家命运的关切和对真理的追求。同时，屈原的精神品质也成为民族精神的重要组成部分，激励着无数中华儿女为国家繁荣富强、民族振兴而努力奋斗。在现代社会，屈原的忧国忧民情怀、忠诚正直的品质以及追求真理的精神依然具有强大的生命力。这些精神品质成为人们学习的榜样和追求的目标。

2. 司马迁的命运与选择

司马迁因“李陵案”受宫刑，面对残酷的命运打击，他本可以选择消沉或逃避，但他却坚定地选择了坚持完成《史记》，以其“究天人之际，通古今之变”的宏大抱负，赋予了生命新的价值与意义。《史记》是中国历史上第一部纪传体通史，它记载了中国从黄帝到汉武帝时期的历史，被誉为“史家之绝唱”。司马迁以极大的勇气和决心，忍受屈辱和痛苦，最终完成了这一伟大的

著作，展现了他对个人信念的坚定追求。司马迁的例子告诉我们，即使面临逆境，选择坚韧不拔的精神追求可以超越宿命，创造历史。

3. 陶渊明的命运与选择

陶渊明在东晋乱世中，不愿“为五斗米折腰”，毅然辞官归隐。他的选择看似放弃了世俗的成功，实则是对自由人格与道德理想的坚守。这种对自我价值实现的追求，使他在命运的波折中找到了内心的安宁与和谐，成就了其作为田园诗派鼻祖的崇高地位。

（三）命运与选择对现代大学生的启示

大学生应认识到，每个人的成长都离不开家庭背景、教育资源、时代环境等的塑造，这些都是构成命运的部分。要正视这些客观条件，学会感恩与珍惜现有的资源，同时勇于面对和克服不利因素。

在命运的大框架下，个体的选择具有至关重要的作用。大学生应当培养独立思考能力，学会在人生的十字路口作出明智且符合自身价值观的选择，而不是被动地被命运所驱使。

当面临困境或挫折时，应学习历史人物，如屈原、司马迁、陶渊明等人在逆境中的毅力与智慧，勇敢地面对命运的挑战，通过个人努力和正确选择，将命运的重压转化为前进的动力，从而实现个人的价值，作出社会贡献。

以上对历史人物命运与选择的深入剖析，旨在引导大学生理解并把握命运与选择之间的辩证关系，明白虽然无法完全掌控命运，但可以通过理性的判断和勇敢的选择去塑造属于自己的人生轨迹。在面对未来的不确定性时，希望同学们能传承先贤们的智慧与勇气，以积极的态度面对生活中的各种挑战，用实际行动诠释“感悟经典国学，助力塑形铸魂”的理念，进而成长为有理想、有担当的时代新人。

二、面对逆境的韧性与勇气——历练中成长的智慧之光

（一）逆境与成长的辩证关系

在漫漫历史长河中，众多杰出的历史人物以其坚韧不拔的精神和无畏艰难险阻的勇气，为我们留下了宝贵的启示。逆境并非全然负面，它是磨砺意志、锻炼品质的熔炉，正如孟子所言“天将降大任于是人也，必先苦其心志，劳其筋骨，饿其体肤，空乏其身……”，逆境对于个体的成长具有重要的塑造作用，

它锤炼人的韧性，激发人的潜能，培养人的勇气。

（二）历史人物面对逆境的案例

1. 越王勾践卧薪尝胆

越王勾践在吴越“夫椒之战”中惨败后，沦为吴王夫差的阶下囚。他忍受屈辱，蓄积力量，通过“卧薪尝胆”提醒自己不忘耻辱，并励精图治，最终逆袭，实现了复国雪耻的壮举。勾践的故事向我们展示了如何在极端困境中保持坚定信念，化压力为动力，以无比的毅力和决心实现目标。

2. 文天祥坚守民族气节

文天祥是南宋末年的丞相，也是一位杰出的抗元名臣和爱国诗人。他坚守民族气节，宁死不屈，他的事迹和诗歌都深深地体现了他对国家和民族的忠诚与热爱。

1276 年，元朝军队占领了临安（今浙江杭州），俘虏了南宋皇帝，南宋灭亡。然而，文天祥并没有选择投降，他继续领导抗元斗争，试图恢复南宋的统治。不久之后，他在广东沿海的战斗中兵败被俘。在被俘期间，他坚贞不屈，宁死不降，拒绝接受元朝的官职和俸禄，甚至八天粒米未进，最终在 1283 年慷慨就义。

文天祥坚守民族气节和宁死不屈的精神，赢得了后人的广泛赞誉。他的《过零丁洋》中的“人生自古谁无死，留取丹心照汗青”更是成为千古名句。他的英勇事迹体现了在逆境中坚持信念、捍卫尊严的伟大精神，对国家和民族的深深眷恋和坚定信仰。

（三）面对逆境的韧性与勇气对现代大学生的启示

大学生在求学和未来的人生道路中，难免会遇到挫折与困难。学习历史人物面对逆境的态度与方法，有助于增强他们的心理承受能力，提高其应对复杂局面和解决实际问题的能力。

从历史人物身上汲取面对逆境时的坚韧与勇气，有助于形成积极向上的人生态度，认识到只有直面挑战，才能更好地提升自我，实现个人价值和社会价值。

传承历史人物在逆境中展现的优秀品质，是对中华传统文化精髓的继承和发扬，也是对社会主义核心价值观的具体实践。当代大学生应具备担当意识和家国情怀，在面对困难时，能够展现出坚韧不屈的精神风貌。

以上对历史人物面对逆境时所展现的韧性与勇气的深入剖析，旨在引导大学生理解并体验逆境对个人成长的重要价值，鼓励他们在人生的旅途中勇敢面对各种挑战，以坚韧不拔的精神和勇于担当的勇气去创造属于自己的精彩篇章。希望同学们通过阅读这些生动的历史故事，在现实生活中借鉴前人的智慧，不断砥砺前行，以实际行动践行“感悟经典国学，助力塑形铸魂”的理念，成长为既有深厚文化底蕴又有强大人格魅力的新时代青年。

三、内圣外王之道——修身、齐家、治国、平天下的智慧探索

《礼记·大学》:“古之欲明明德于天下者，先治其国；欲治其国者，先齐其家；欲齐其家者，先修其身；欲修其身者，先正其心；欲正其心者，先诚其意；欲诚其意者，先致其知，致知在格物。”两千多年来，“修身、齐家、治国、平天下”成为儒家坚守的信仰。

（一）内圣外王理念的源起与内涵

“内圣外王”是中国古代儒家思想中关于个人修养与社会治理相结合的理想人格模式，源自《庄子·天下》篇中的“内圣外王之道”。这一理念主张个体应通过内心的道德修养达到“内圣”之境，即实现内在精神世界的至善至美，进而将这种内在的道德品质转化为实际的社会行动，达成“外王”的目标，即在社会生活中发挥领导和治理作用，实现国家的繁荣稳定。其核心是强调道德自我完善与社会责任担当的统一。

（二）历史人物实践内圣外王之道的案例

1. 孔子的一生践行

孔子的思想是中国古代文化的重要组成部分，孔子主张的“仁爱”“中庸”“礼乐”等思想，对中国历史、文化、教育等方面产生了深远的影响。

孔子主张“仁爱”，认为人类需要互相关爱和尊重。他认为“己所不欲，勿施于人”，即不要做自己不希望别人对自己做的事情；他认为人类应该互相尊重，互相包容，达到“和谐共处”的境界。

孔子主张“中庸”，认为在任何情况下都要保持“中庸之道”，即不偏不倚、不过分、不偏执、不偏颇。他认为只有保持“中庸之道”，才能达到“和谐共处”的境界。

孔子主张“礼乐”，认为礼乐是一种人类行为的规范和标准。他认为通过学习和实践礼乐，可以使人类更加和谐、美好、文明。他认为礼乐是一种人类

文化的精髓，是人类生活中不可或缺的一部分。

孔子以其严谨的个人修为和高尚的人格魅力，倡导并躬行仁、义、礼、智、信等美德，提出了一系列教育、伦理和政治思想，如“己所不欲，勿施于人”，体现了内圣的精神追求。同时，他周游列国，积极传播自己的学说，试图以德化政，影响诸侯实行仁政，彰显了外王的理想追求。

2. 曾国藩的家国情怀

“天下之本在国，国之本在家”，“家”“国”紧密相连，中华民族重视家庭，讲究“家和万事兴，家齐天下平”，倡导尊老爱幼、妻贤夫安、母慈子孝、兄友弟恭、勤俭持家等道德理念。

为什么曾国藩家族能长盛不衰？ 曾国藩的言传身教或许是原因之一。“三年清知府，十万雪花银”，作为湘军创建者和统帅，曾任两江总督八年，位高权重，曾国藩却在贪污腐败、穷奢极欲的官场中做到了“出淤泥而不染”。

曾国藩一生崇尚“礼谦、耐烦”。对朋友以诚待人、不仗势欺人；对幕僚下属推心置腹，谦让战功，主张“己欲立而立人，己欲达而达人”；“千里来书只为墙，让他三尺又何妨？万里长城今犹在，不见当年秦始皇”，对家人倡崇“勤、敬、和”，常以张英和张廷玉父子“六尺巷”故事教育家人。

海纳百川，有容乃大。曾国藩修身养性既造就了曾氏家族代代相传的良好家风，也成就了他功勋彪炳的人生。

清朝末期，统治阶级腐朽堕落，长期的“闭关锁国”使旧中国千疮百孔，民生凋敝，社会纷乱，西方列强虎视眈眈，内忧外患，清王朝风雨飘摇。“燕雀安知鸿鹄之志”，曾国藩初涉官场便立下“济世人于水火，解生民于倒悬”“内圣外王、拯救天下”之志，但官场水深龙多，曾国藩屡屡碰壁，却不坠青云之志，经历着一次次常人所难忍受的“碰壁、大悟、前行”，人生也由此产生次次蝶变，这既是他不懈的自我修炼，也是他永恒的家国情怀。

曾国藩作为晚清重臣，一方面严于律己，勤于修身，深研理学，形成了深厚的内圣底蕴。另一方面，他临危受命，组建湘军，镇压太平天国运动，推动洋务运动，展现了卓越的治国才能和外王风采。他的人生历程生动诠释了内圣外王之道的具体实践。

（三）内圣外王之道对现代大学生的启示与价值

在现代社会，大学生应当秉承内圣的理念，注重自身品德修养，锤炼意志，提升情操，学习传统文化中崇高的道德准则和价值观念，塑造健全人格，为未来承担更大的社会责任打下坚实基础。

大学生在关注个人发展的同时，更要关注社会需求，学会将个人理想融入国家和社会的发展中，展现出强烈的责任意识和担当精神。在专业学习和实践中，不仅要积累知识技能，更要在服务社会、奉献人民的过程中展现“外王”的风范。

内圣外王之道要求大学生不仅要具备扎实的理论功底，还要具备将理论应用于实践的能力。在学习生涯中，要不断尝试将学到的知识用于解决现实问题，提高解决问题的实际能力，从而更好地服务社会、引领时代潮流。

对内圣外王之道的历史渊源、典型实例以及对现代大学生的指导意义进行深入剖析，旨在引导当代大学生既要重视个人内心世界的修养和完善，又要勇于承担社会责任，努力成长为既有深厚文化底蕴又有强烈社会责任感的新时代青年。通过深入领悟并实践内圣外王之道，大学生们可以在传承中华优秀传统文化的同时，助力个人成长，为实现中华民族伟大复兴的中国梦贡献青春力量，真正做到“感悟经典国学，助力塑形铸魂”。

历史典故是中国文化的重要组成部分，它们不仅是过去的记忆，也是智慧的结晶。通过学习历史典故，大学生可以了解国家的历史和文化，增强民族自豪感和文化自信。历史典故中蕴含的智慧和哲理，能够激励大学生积极面对挑战，坚持理想，不断追求进步。

第六章 传统国学的应用

学习目标

要让学生树立“为天地立心，为生民立命，为往圣继绝学，为万世开太平”的人生志向，成为志存高远的人。

1. 知识目标

了解大学生的志气和信念，理解家国情怀的含义，掌握塑造风骨的途径。

2. 能力目标

能够树立正确的理想信念，用实际行动诠释家国情怀。

3. 素质目标

培养学生孝顺父母、善良正直、诚实守信，积极向上、勇敢坚强、宽容豁达的品质，引导学生将传统国学中的精髓融入个人素养中。

第一节　大学生志气与信念的培养

青年兴则国家兴，青年强则国家强，青年一代有理想、有本领、有担当，国家就有前途，民族就有希望。新时代大学生要增强做中国人的志气、骨气、底气，在世界百年未有之大变局中坚定理想信念，努力成为肩负民族复兴重任的时代新人，为实现第二个百年奋斗目标砥砺前行。

中华民族历来崇尚有骨气之人。中国人的骨气书写在“头可断，血可流，革命意志不能丢”的革命烈士们不屈的意志里；书写在“把活路堵死、向死路求生”的红军战士无畏的精神里；书写在“外国人能搞的，难道中国人不能搞”的科技工作者坚定的自信里；书写在我们不走老路、不走邪路，始终走人间正道的信念里。进入新时代，我们欣喜地看到，在疫情防控的战场上，涌现出很多年轻的“最美逆行者”的身影；在国际赛场上，我们看到很多年轻的“中国精神”拼搏者的身姿，他们都以不同的方式，诠释着中国人的骨气。今天的中国已经踏上新的征程，面临众多形势环境变化与矛盾风险挑战。面对西方意识形态，要有正确的国家观；面对物质的诱惑，要有正确的价值观；面对纷繁复杂的社会，要有正确的人生观。要学会培养中国传统气节的品质，保持先进文化的精髓，增强骨气，顽强拼搏、开拓前进。

一、大学生为什么要立志

众所周知，明代王阳明自幼立志成为圣贤。在很小的时候，他就曾请教过自己的老师："天下第一等大事是什么？"

老师告诉他："读书及第，当官获取功名。"

但王阳明却不认同，他说自己的愿望就是"做圣贤"。

由此可见，王阳明的志向就是"做圣贤"，并且他的一生都在朝着这个方向努力，记得当年他科举落第，朋友们纷纷前来安慰他，他却淡淡地说："世以不得第为耻，吾以不得第动心为耻。"

大意是说，世俗中人，大都把考不上视为一种挫折，但我却将因为"考不上而动心"视为耻辱。

那么，立志为什么如此重要呢？

立志之所以重要，有以下三个原因。

（一）立志可以让人清楚自己追求什么，不至于偏离方向

我们知道，一个有志向的人，才有可能清楚自己的追求，并能够盯紧目标不放。

而没有志向的人，大都很容易受到他人或外在因素的干扰，以至于根本不知道自己到底想要什么。

也就是说，一个没有立志的人，往往容易偏离自己努力的方向，更何况世界很大，诱惑很多，没有立志之人，大都会摇摆不定，这个也想要，那个也想追求，到头来终会一事无成。

由此可见，立志对一个人来说，确实非常重要。

（二）清晰的目标，才会让人专注

在现实当中，一个人朝着一个确定或清晰的目标前进的时候，就会不断地对目标和自己产生新认知。

举个例子，曾做过项目的人大都知道，在完成目标的过程中，往往会出现

计划赶不上变化的情况，所以，这个时候就需要根据变化来调整计划，并且不断地调整直到完成。

而这其实正是阳明心学中所强调的“知”，用调整过的计划去执行就是“行”。

因此，这一过程，说到底，就是王阳明所提出的“知行合一”。

甚至可以说，正是由于有了清晰的目标，我们才能够在行动中应对一切变化，不再拘泥于计划或者过程本身，这就是真正的“知行合一”。

而清晰的目标，就是立志；没有这一前提，就不会做到真正的专注，做不到专注，就不可能在过程中做出符合于目标的相应调整。

当然，这也正是强调清晰的目标或立志的重要性的另一个原因。

（三）有志向的人，才不容易迷失自我

从阳明心学的角度来看，立志可以理解为内心之“知”，即天理。

有了正确的“知”，才会有正确的“行”。

因此，有志向与目标的人，才会真正知道自己最想要的是什么，并以此为行动目标。

另一方面，立志首先要符合个人的实际情况，然后使之符合天理，反过来，如果所立之志向不符合个人实际情况，那么，这个目标就不是真正的目标了。

而没有目标，就很容易在诸多诱惑面前迷失自我，以至于没有方向，无法集中力量，难以取得成就。

二、志气的滋养

志气在古代指心志气力，今指积极上进或做成某事的决心和勇气。志者，在心向慕之谓也，其本义是意念和心情，是对既定目标强烈而持续地向慕和憧憬，由此引申出愿望、志向和目标的含义。古时中国极其重视“志”，认为三军可夺帅也，匹夫不可夺其志也。志气是有理想、有信心的表现，也就是践行并实现志向的决心和勇气，核心是自强，不甘落后，力求达到一定目的的决心和勇气。

志气包括两个基本内涵，一是志气蕴含着不甘人后、积极作为的进取精神。因为志气的根基在于立志，“有志则气不衰”“有志者事竟成”等，都表明确立志向并为之奋斗的重要，强调功崇惟志的主动姿态和坚决意志，与成功直

接相关。二是志气昭示依靠自身力量实现理想的英勇奋斗，志气绝不仰望命运或他人。无论是西周初年极力倡导的“敬事”，孔孟为天命人力划定的作用范围，还是墨子力主成事由力，非有其命，荀子力倡“从天而颂之，孰与制天命而用之”，都强调人自身的能动性。千百年流传的“怨人不如自怨，求诸人不如求诸己得也”的主动行为原则、自强坚毅的处事方式，以及“士不可以不弘毅，任重而道远”的自勉，都诠释了志气蕴含着面对困难迸发出艰险越向前、不达目的决不罢休的力量，释放着不畏惧、不退缩，不怨天不尤人，坚忍不拔与勇往直前的引申义，潜在生发发挥“借困衡为砥砺”，变被动为主动的主观能动性之作用。因此，志气无论是对立国还是对立身，无论是利用自然、改造社会，还是加强修养、成就事业，都显得极其宝贵。

志气不是天生就有的，也不是一劳永逸的，有志气还必须加强涵养，最重要的是在自我革命和与各种困难、敌对势力斗争中不断淬炼对马克思主义的信仰。习近平总书记在庆祝中国共产党成立 100 周年大会上提到“增强做中国人的志气、骨气、底气”，在党的二十大报告中强调“增强全党全国各族人民的志气、骨气、底气”，将此作为发扬斗争精神的根本举措。这是因为志气、骨气、底气对我们太重要了。人们不会忘记，新中国有站起来并傲视帝国主义说我们这也不行那也不行的志气，有改变一穷二白面貌的志气，所以就有了不怕帝国主义军事威胁、经济封锁、技术卡脖子的骨气，有了打得一拳开，免得百拳来的底气。坚持真理、坚守理想，践行初心、担当使命，不怕牺牲、英勇斗争，对党忠诚、不负人民，是中国共产党的伟大建党精神，这是党的精神之源，也是增强全党全国各族人民志气、骨气、底气之源。

三、理想信念的基本含义

（一）理想的内涵与特征

理想是人们在实践中形成的、有实现可能性的、对未来社会和个人发展目标的向往与追求，是人们的世界观、人生观和价值观在奋斗目标上的集中体现。

根据不同的标准，理想可分为长远理想和近期理想，个人理想和社会理想，以及政治理想、道德理想、职业理想和生活理想等。

理想具有以下特征。

（1）超越性。理想之所以能够成为推动人们创造美好生活的巨大力量，因为它不仅源于现实，而且超越现实。科学的理想则反映了人的主观能动性与社会发展客观趋势的一致性，是在正确把握社会历史发展客观规律的基础上形成的。

（2）实践性。作为一定的社会实践活动的产物，理想是处在特定历史条件下的人们对社会实践活动理性认识的结晶。人们只有在改造客观世界和主观世界的过程中才能以实践为桥梁，将理想转变为现实。理想在实践中产生，在实践中发展，也只有在实践中才能得以实现。

（3）时代性。理想作为一种社会意识形式，是一定时代的产物，带有特定历史时代的烙印。理想的时代性，不仅体现在它受时代条件的制约上，而且体现在它随着时代的发展而发展上。

（二）信念的内涵与特征

信念是人们在一定的认识基础上确立的对某种思想或事物坚信不疑并身体力行的心理态度和精神状态，是认知、情感和意志的有机统一体，为人们矢志不渝、百折不挠地追求理想目标提供了强大的精神动力。

信念具有以下特征。

（1）执着性。信念一旦形成，就不会轻易改变。

（2）多样性。不同的人会形成不同的信念；同一个人也会形成不同类型和层次的信念，并由此构成其信念体系。在信念体系中，高层次的信念决定低层次的信念，低层次的信念服从高层次的信念。信仰是最高层次的信念，具有最大的统摄力。信仰有盲目和科学之分。

（三）理想和信念的关系

理想和信念总是相互依存的。理想是信念所指的对象，信念则是理想实现的保障。没有理想这个人们确信和追求的目标，信念无从产生，离开信念这种对奋斗目标的执着向往和追求，理想寸步难行。在此意义上，理想和信念紧密联系在一起。也正因如此，人们常将理想与信念合称为理想信念。

四、培养理想信念教育的途径

大学生理想信念教育是“育心”“铸魂”的教育，在充分发挥学校教育作用的同时，还要注重激发大学生的自我教育意识，引导他们自觉承担时代使命。

理想和信念是人生的航标和前进的动力。理想是人们在现实基础上形成的具有实现可能性的对未来的向往和追求，是人们的政治立场和世界观在奋斗目标上的集中体现。无论是相对于个人理想还是社会理想，崇高理想的实现都不是一蹴而就的，都需要付出艰辛的劳动，对崇高理想的追求也就是努力奋斗的过程。

信念是人们在一定认识基础上确立的对某种理论主张或思想见解及理想的坚定信仰，并努力身体力行的精神状态。追求理想、坚定信念是一个民族、一个国家、一个人奋发向上的标志。在加快推进现代化建设和全面建设小康社会的新的历史时期，在建设中国特色社会主义的伟大实践中，青年大学生应树立崇高理想，坚定科学信念，用艰苦奋斗的汗水浇灌自己的理想之花，满怀信心地走向明天。世界观、人生观、价值观是一个人理想信念的基础，是一个人对现实生活各方面态度的核心，是调节和控制个人行为的最高层次，从根本上规定了一个人的心理面貌。

（一）确立马克思主义的科学世界观

当代青年大学生具有振兴中华的强烈愿望，善于学习、勤于思考、勇于探索、敢于创新，具有较高的科学文化知识和理论素养，对社会和人生有着美好的愿望。但同时，他们又缺乏人生阅历，生活范围狭窄，对自然、社会、自我的认识主观、片面、自负。因此，有必要对大学生进行马克思主义科学世界观和方法论的教育，使他们从宏观上把握自然、社会、思维发展的一般规律及其基本观点，正确认识人与自然、人与社会、人与人、他人与自我之间的关系。摆正自己的位置，认清个人在社会历史发展中的历史使命，构建科学的、正确的世界观。

（二）积极开展社会实践活动，增强社会责任感和奉献意识

社会实践活动是大学生走向社会的一个重要锻炼环节，也是教育与实践相结合的具体体现。在新形势下，大学生不仅要具备丰富的专业知识和高超的业务水平，更必须具备一定的综合素质。社会实践是大学生理想信念教育的重要环节，对于促进大学生了解社会、了解国情、增长才干、奉献社会、锻炼毅力、培养品格，增强社会责任感具有不可替代的作用。

（三）加强校园文化建设，优化理想信念教育的外部环境和氛围

外部环境具有教育的功效。孟母三迁的故事说明，良好的人文环境对一个

人的成长和生活具有重要意义。当前，互联网等外部环境存在与大学生理想信念教育不相适应的诸多问题，致使理想信念教育出现产出小于投入的尴尬局面。互联网上不但信息量多，而且传播速度很快，更新也十分频繁，大学生在感受快节奏网络生活的同时，也很容易沉迷其中，最终影响学业和心理健康。校园文化在理想信念教育中具有培养人、锻炼人、塑造人的独特作用，因此，要进一步加强校园文化建设，优化理想信念教育的外部环境和氛围。校园文化包括精神文化、物质文化和制度文化。加强校园文化建设，努力营造理想信念教育的良好氛围，优化教育环境，在校园文化建设中突出其示范功能、导向功能、凝聚功能、创造功能、熏陶功能；突出其知识性价值、社会性价值、思想性价值、科学性价值、美育性价值、道德认同性价值，培育良好的育人环境，为大学生理想信念教育提供有利条件、奠定扎实基础。

第二节　大学生家国情怀的培养

《孟子》有言：“天下之本在国，国之本在家，家之本在身。”在中国人的观念中，国家、家庭与个人之间是密不可分的整体。家国情怀是我国优秀传统文化的基本内涵之一，对增强民族凝聚力、提高文化自信、促进和谐社会建设等方面有重要意义。当代大学生是未来社会的主体，是未来的国家的建设者，培养大学生的家国情怀就显得尤为重要。

一、家国情怀

“天下兴亡，匹夫有责”，家国情怀是对自己国家的高度的认同感、归属感、责任感和使命感的体现，是中华优秀传统文化的基本内涵之一。增强家国同构的共同体意识，实践社会主义荣辱观，培养为实现中国梦而奋斗的使命感和责任感，树立“四个自信”“四个意识”，践行“两个维护”是大学生家国情怀培养的必经之路。青年兴则国家兴，青年强则国家强。青年一代有理想、有本领、有担当，国家就有前途，民族就有希望。大学生是未来民族发展壮大的希望，加强新时代大学生家国情怀的培养工作具有重要的现实意义。

（一）家国情怀的内涵

家国情怀是中华优秀传统文化的重要组成部分，是中华民族宝贵的精神财富，是深厚情感共识的体现。家国一体意识要求青年学生不仅追求个人理想，更要将小我融入集体，主动承担起实现中华民族伟大复兴的时代重任。

（二）培养家国情怀的重要意义

1. 家国情怀的培养是时代的要求

家国情怀是爱国主义的重要组成部分，爱国即爱家，国家繁荣，家庭才能和美。在全面建成小康社会，实现第一个百年奋斗目标的今天，家国情怀的培养显得尤为重要。

2. 中国梦的实现，需要青年人传递薪火

青年是祖国未来的希望，必须着重培养。作为新时代青年，必须时刻不忘爱国、励志、求真、力行的基本要求，时刻记得要忠于祖国、忠于人民。

家国情怀就是把个人命运与国家、民族和社会的命运融合在一起。家国情怀最重要的是立足于本职工作，这是对党、对组织、对人民、对良心的职责所在。家国情怀是每个人的立身之本。为人师表，就是要爱国、爱人民、爱自己的岗位。大学生刚进入大学，正是世界观、人生观和价值观确立的关键时期，决定着今后的人生走向，这就要求新时代的大学生必须具有家国情怀。

家国情怀是一种民族大义，把国家和民族危亡放在心里；家国情怀是一种精神坐标。人无精神不立，国无精神不强。这种精神就是爱国、奉献、担当、作为，内化于心、外化于行；家国情怀是一种文化基因，是一种修身、齐家、治国、平天下的胸襟。家国情怀是一种时代责任，牢记使命，不忘初心。家国情怀是一种青春记忆，在最能显露才华、学习本领的时候，努力奋斗，为将来建功立业打下坚实基础。

二、家与孝

“孝”是中华民族传统道德观念，是中华文明的基石之一，也是儒家思想的根本。早在西周时代，周王就主张敬天孝祖，重视尊老敬贤的教化。以孔子和孟子为代表的儒家文化，继承并发扬了先代的孝思想和孝传统，将孝视为道德之根和教化之本。孔子曰：“孝弟也者，其为仁之本与！”（《论语·学而》）“夫孝，德之本也，教之所由生也。”（《孝经·开宗明义》）“教民亲爱，莫善于孝。”（《孝经·广要道章》）“人之行，莫大于孝。”（《孝经·圣治章》）经过孔子孟子的创造性发展，孝道进入一个新的时代，为后来历代帝王所提倡，在中国深入人心。

三、家与国

天下之本在国，国之本在家。家不仅是我们个人的家，家还是最小的国，国是千千万万个家。有家才有国，有国才有家。小家连着大家、连着国家。同样，家庭的事也不仅仅是个人的私事，也是国家的事、社会的事。家与国就是这样你中有我、我中有你，从未分离。这就是我们中国人千百年来传承的家国情怀和家国逻辑。

孟子曰：“人有恒言，皆曰天下、国、家。天下之本在国，国之本在家，家之本在身。”也就是说，国家的根本在于每一个家庭，而家庭的根本在于我们每个人自身。每个人都应当以敬畏的态度努力做一个好人，做好自己，然后才能建设和谐美满的家庭，而家庭和谐美满了，国家才能做到秩序井然，天下才能太平。

这其实是一整套具有实践意义的美好社会的建设纲领，其中最核心的是家庭，而不是个人，因为个人也是家庭教育与涵养的结果。

有家庭就会有家风，家和万事兴。千家万户都好，国家和民族才会兴旺。在家庭建设上，要注意两个方面。

第一、家庭的前途命运同国家和民族的前途命运紧密相连。也就是说，我们做任何事情不能仅仅盯着自己这个小家，还要关注国家这个大家。古往今来有许多榜样和楷模，值得我们去学习和敬仰。纵观历史，有无数古圣先贤秉持“家齐而后国治，正己始可修身”的信念，心怀“苟利国家生死以，岂因祸福避趋之”的情怀，自觉地把个人、家庭的命运与国家和民族的命运紧密地联系在一起，为我们谱写了一曲曲感天动地、感人肺腑的不朽诗篇。

第二、把实现家庭梦融入民族梦之中。中国梦不是遥不可及的，不是与我们没关系的，不是高高在上的，不是镜中花、水中月，中国梦就在我们身边，就在我们每一个人的心中。只有实现了中华民族伟大复兴，我们每个人的家庭梦才能实现。千家万户好，国家才能好，民族才能好。所以，对千百万个家庭而言，我们要自觉把爱家与爱国紧密地联系起来，把实现家庭梦融入中华民族伟大复兴的梦想之中。大家心往一处想，劲往一处使，汇集 4 亿多家庭、13 亿多中国人的智慧和热情，化为实现“两个一百年”的奋斗目标、实现中华民族伟大复兴的磅礴力量。

在中华传统文化中，家庭既是社会的基本构成单位，也是连接个人与国家的纽带。中国历史上的思想家们通过梳理家国关系，逐渐形成了“修身、齐家、治国、平天下”这一套由“内圣”至“外王”的知行次序。围绕这一次序，传统儒学敦本实践，形成了旨在致君泽民的经世之道。

在中华儿女的信念中，“国”与“家”是密不可分的。爱国犹如爱家，爱国胜于爱家，“以天下为己任”的传统感情和信念，已经融化在中华儿女的血液里。流在心里的血，澎湃着中华的声音，长江、长城、黄山、黄河在我们的心中重千斤。中华儿女对祖国的赤子之心、爱国之情、报国之志、效国之行，是任何力量也动摇不了的。

第三节 大学生情操的陶冶与性灵的滋养

陶冶情操，意思就是让自己的性情通过一些外部条件的熏陶得以完善和升华。

陶冶情操是以某一或某类事物为中心的一种复杂的、有组织的情感倾向，如求知欲、爱国心等。心理学研究中曾有人把情操分为求知、审美、道德、信仰；现代心理学常把人的复杂情感称为高级情感，并分为理知感、道德感、美感。在日常语境中，情操指情感和操守的结合。

习近平总书记在文艺工作座谈会上谈到欧洲文艺复兴运动时提到：“恩格斯说，这‘是一个需要巨人而且产生了巨人——在思维能力、热情和性格方面，在多才多艺和学识渊博方面的巨人的时代’”①。这句话对当今人才培养具有重要意义。人才既体现在“思维能力”“热情和性格”方面，也体现在“多才多艺和学识渊博”方面，这就对人才培养提出了很高的要求，也使我们跳出了专业知识和技能的局限。新时代，我们需要的人才应具备高尚的人格、良好的修养、健康的体魄、科学的素养和审美的情怀，德智体美劳全面发展。

中华优秀传统文化把塑造“心灵美”放在重要的位置。中国传统美学提出“外师造化，中得心源”，“造化”是指生生不息、万物一体的世界，“心源”则强调主观的感受能力、审美能力和艺术创造能力。美育通过后天的熏陶引导，感发人、激励人和升华人，使人心胸广阔，朝气蓬勃，有志气、有见识、有作为。具体而言，青少年美育就是要培养青少年的家国情怀，引导他们热爱生命、尊敬师长、拥抱大自然、涵养美好心灵。在抗击新冠肺炎疫情中，涌现出一批又一批舍生忘死、勇于奉献的先进人物，他们展现了无私的精神，体现了人民至上、生命至上的信念。他们就是“心灵美”的典范，这种“心灵美”就是大爱之心。

① 习近平：《在文艺工作座谈会上的讲话》，《人民日报》2014年10月15日。

一、儒家：礼乐修心

礼乐始自夏商，到周朝初期，周公通过“制礼作乐”构建了独有文化体系，后经孔子和孟子承前启后，聚合前人的精髓创建以礼乐仁义为核心的儒学文化系统，这一体系得以传承并发展至今，是中国古代文明的重要组成部分。中华民族的“礼乐文化”，使中国成为“礼乐之邦”，也被称为“礼仪之邦”。

礼乐文化在中华文明史上，创造了人类的辉煌。虽然现代工商业科技文明过分重视物质利益，使得传统的礼乐文化受到商业世俗文化的冲击，已失去古典纯朴的本质精神。但是，传统的礼乐文化在今天依然能起到提升人类道德、使人们自我完善的作用。早在夏商周时期，古圣先贤就通过制礼作乐，形成了一套颇为完善的礼乐制度，并将其推广为道德伦理上的礼乐教化，用以维护社会秩序上的人伦和谐。礼乐文明在数千年的中华文明发展史上产生了重大而深远的影响，至今仍焕发着强大的生命力。

《礼记》是中国古代一部重要的典章制度书籍，该书在西汉编写的八十五篇本被称为《大戴礼记》，在后来的流传过程中若断若续，到唐代只剩下了三十九篇。戴圣选编的四十九篇本被称为《小戴礼记》，即我们今天见到的《礼记》。

《礼记》中记载：“礼也者，理也。”礼，是贯穿万物之理的规范。理无处不在，礼亦无处不在。鞠躬、作揖这些外在形式只是礼的表象。

《管子·牧民》中记载：“仓廪实而知礼节，衣食足而知荣辱。”物质生活达到一定的水平，人们不愁吃穿了，就会追求精神层面的发展，讲究礼节，明辨荣辱，从而提升自己的生活品质。

中国文化以“人”为中心，将个人如何通过修身，从生物学意义上的人成长为道德意义上的完人，视为人生的必修课。礼是做人的规范，所以这一过程，是借由学礼、践行礼来完成的。

和“礼”一样，“乐”也是一个民族的文明发展到一定阶段的产物。中国古人将现代意义上的“音乐”，拆分为由低到高的三个层次，分别称之为声、音、乐。其中“乐”属于最高层次，具有道德教化的功能，正所谓“德音之谓乐”。

儒家修身的内容涉及日常生活的各个方面，其大要则包括内与外两个方面。所谓内，是懂得用思想纯正、风格典雅、中正平和且具有道德教化作用的雅乐陶冶心性，养心怡情。所谓外，是懂得用礼约束自己的行为，消除戾气，拒绝粗俗，懂得遵守社会秩序，尊重他人，与人为善，谈吐典雅，涵养德行，变化气质。礼以修身，乐以化心。礼乐双修，就是内外兼修。“礼乐皆得，谓之有德”，彬彬然有君子之风。

二、道家：道合天心

中国古代对探讨人与自然的关系非常重视。西汉历史学家司马迁自述其志向，就是“究天人之际，通古今之变，成一家之言”。那么，古人对“天人之际”，也就是天人关系，是如何理解的呢?

世人皆知董仲舒曾提出过“天人感应”的学说，于是便主观地认为其等同于“天人合一”，这其实是有所偏颇的。道家的“天人合一”思想源于庄子，其认为宇宙自然是大天地，人身则是一个小天地。人和自然在本质上是相通的，故一切人、事均应顺应自然规律，达到人与自然的和谐。

之所以会产生这样的思想体系，与中国古代以农业为主的生产方式密切相关。因为农业生产要顺应四时的变化，所以必须适应大自然的种种规则。季羡林曾说:“天人合一论，是中国文化对人类最大的贡献。天人合一就是人与大自然要合一，要和平共处，不要讲征服与被征服。”

中国古代所谓的“天”，有多重含义。既指头顶的苍天，也指高居天上的主宰之神——天帝、老天爷，还可泛指整个自然界。对天人合一观念需要谨慎分析。在自然界中，天、地、人三者是相应的。《庄子·达生》曰:“天地者，万物之父母也。”《易经》中强调三才之道，将天、地、人并立起来，并将人放在中心地位，这就说明人的地位之重要。天有天之道，天之道在于“始万物”；地有地之道，地之道在于“生万物”；人不仅有人之道，而且人之道的作用就在于“成万物”。《易经》进一步说：天道曰阴阳，地道曰柔刚，人道曰仁义。天地人三者虽各有其道，但又是相互对应、相互联系的。这不仅是一种“同与应”的关系，而且是一种内在的生成关系和实现原则。天地之道是生成原则，人之道是实现原则，二者缺一不可。

在道家来看，天是自然，人是自然的一部分。因此庄子说:“有人，天也:有天，亦天也。”

天人本是合一的。但由于人类制定了各种典章制度、道德规范，使人丧失了原来的自然本性，变得与自然不协调。老子讲“绝圣弃智”，打碎这些加于人身的藩篱，将人性解放出来，重新复归于自然，才能达到“万物与我为一”的精神境界。

所以，道教所提倡的“天人合一”，不仅限于人与大自然的和谐。道教中有一句话，叫“人心可格天心”，是说人通过自己的诚念能够感召上天的慈悲。《道德经》中也提到“人法地，地法天”，是说人的行动应该效法于天地。

三、培养大学生的气韵

大学是人生道路上一个重要的成长和求学阶段，大学生是一个充满激情、活力和梦想的年轻群体。大学生思维能力强，知识层次较高，精力旺盛，富于幻想，情感丰富，自我意识强烈。同时，大学也是大学生形成成熟的世界观和审美观的重要阶段。那么在大学阶段，通过何种途径和方法培养大学生的美育素养，帮助大学生树立正确的世界观和审美观，对其包括兴趣、气质、性格、能力等诸方面个性特征的形成与发展就显得格外重要。

大学是年轻人学习和成长的重要阶段，大学的人文学习环境和人际交往环境对大学生美育素养的形成起着重要的作用。

（一）大学文学和艺术课程

大学文学课堂教学主要包括文学常识教育、文学作品欣赏等内容。学生通过对文学语言的学习与把握，认识文学艺术中的审美意识，进行自身的审美心理建构。文学的审美特征主要在于文学的情感性、形象的间接性、表现内容的丰富性等特点。大学生可以运用自己的想象来感知文学意境中的美学元素，认识现实世界中的美，用心感知人类最为美好的情感。文学作品以生动的美去感染和激励学生，用美的语言去激发学生，在真、善、美的体验中形成对美的评价和创造能力，引导学生感受美、观察美、追求美，进而创造美。

（二）校园社团文化

校园社团文化是丰富和活跃大学校园文化的一种重要形式。它通过高校独特的人文自然环境，将高校长久以来的历史和传统积淀等转化为大学校园中学生们共同的价值追求，影响着社团成员的价值观、情感、信仰以及人格的形成和发展。通过参加与美学相关的社团及社团组织的各种文化活动，能很大程度上激发大学生对美的追求及对美好生活的向往。社团活动活跃了校园生活，丰富了校园文化，营造了良好美育学习氛围，倡导学生自发成立一些与美学文化相关的社团，把学生兴趣转化为实践的动力。

（三）网络平台及现代化的教学条件

网络课程是网络时代出现的一种新型教学资源。网络课程是按一定的教学目标、教学策略组织起来的教学内容及实施的教学活动的总和，它不受时间和空间的限制，利用存储在服务器中的网页形式呈现给使用者，支持学生进行自主式学习、协作式学习等先进的学习方法。网络艺术教育课程一方面为学生提供了便捷的学习系统，只要有一台电脑，学生可以随时随地学习学校的艺术教育课程；另一方面，它为学生提供了形象教育内容，利用网络和现代科技优势，可以使各种不同的艺术作品得到形象直观的展现，各种古代珍品、音乐、戏剧等不同风格的艺术都能以虚拟的方式得到充分展现，因而网络课程教学的审美化设计对学生的美育起到事半功倍的效果。

第四节　大学生如何造就风骨

一说到“风骨”，我们会联想到魏晋时期的书法艺术，天然隽永，飘逸狂放，“善笔力者多骨”（卫夫人）、“常欲使其透过纸背”（颜真卿），那种章法回环灵动、体势刚健有力、结构严正整肃的风骨；会想到建安诗歌（特别是五言诗）特有的文风，鲜明爽朗，雄健优美，将现实的冷峻与强烈的抒情相结合，以激昂慷慨的风格呈现。“丈夫志四海，万里犹比邻”，“捐躯赴国难，视死忽如归”的豪迈，“南登霸陵岸，回首望长安”，“高台多悲风，朝日照北林”的感伤，展现出“建安风骨”的审美特征。在融通诗歌、文学、绘画、书法等艺术形式的基础上，“风骨”成为具有重要意义的美学范畴。刘勰的《风骨篇》论辞述情，倡导“风骨之力”，避戒“风骨不飞”，文章务必铺辞锤字，以达精练如骨。“辞之待骨，如体之树骸；情之含风，犹形之包气”“练于骨者，析辞必精；深乎风者，述情必显”，所论可谓精到至极。

一、风骨的含义及表现

风骨是中国古代文论的基本概念和术语，实质是对文学作品内容和文辞的美学要求。以“风骨”评诗论文最完备、最系统的是刘勰的《文心雕龙》。

（一）求真求道

求真，即求取真切、实在的事相；求道，即求取道理、因由和实质。求真务必遵从现实、尊重客观、遵循情状，求道则意在真理性认识、本质性思考和规律性把握。求真是第一步，是获取经验、引起表象，进而使“知性活动运作起来”的前提。我们须以真实的眼光看待真实的世界，从中得出合乎事相的真实认识，形成合于情状的真实见解，以获得对外部世界的真实把握。有了对事物本真的把握，我们才能进一步去获得对事物内在联系和相互作用的理解，获得对事物深层次本质特征和蕴含其中的规律性的系统思考。恩格斯强调：“自由不在于幻想中摆脱自然规律而独立，而在于认识这些规律，从而能够有计划地使自然规律为一定的目的服务。”思想源于求真，但贵在求道；思想以求真为本分，以求道为使命。致力于求真、求道的思想，自然是光明磊落、无所畏惧的，必然是受到尊重、充分自信的。

（二）为民为公

思想何为？简言之，即为民为公。为民，即因乎民意、关乎群情、服务大众；为公，即恪守正义、循合文明、指归天下。世间所有“存在”，无论实有还是虚在，其意义都与人相连，都是在与主体发生作用的关系中得到说明。马克思说：“凡是有某种关系存在的地方，这种关系都是为我而存在的。”思想为公，在于思想倡导公平、维护公正、树立公信，在于思想追求人类美好、致力世界良序、谋求全球和谐，更在于思想始终抱有天下为公、世界大同的坚定信念和价值理想。民与公相连，为民与为公相通。着意为民，必摒弃私利；执念为公，必去除偏狭。唯有这样的思想，才是真正有作为的思想；而这样的思想，也必然是豁达坦然、笑傲天下的。

（三）舍欲舍命

只有求真求道、为民为公的思想，方能舍欲舍命。舍欲，即舍弃利益、丢却恩怨、去除私欲；舍命，即甘于奉献、无惧牺牲、宁愿殉命。舍欲舍命，是思想有所作为所必需的付出与奉献，是思想超越自身应该达到的境界。思想者身处特定的时空和条件，难免受到各种牵绊和制约，但思想必须是自由奔放的，必须挣脱现实的牵绊和制约，让勇于冲破束缚的思维展翅高飞，在广阔天地中翱翔。在科学上没有平坦的大道，只有不畏劳苦沿着陡峭山路攀登的人，才有希望达到光辉的顶点。

二、传统国学文化中的风骨

用风骨来形容人物，始于汉末。此后风骨二字的含义不断深化，到魏晋时期，一度达到巅峰。人们认为，建安时期的作品，真实反映了现实的动乱和人民的苦难，抒发了建功立业的壮志豪情，也流露出人生短暂、壮志未酬的惆怅幽怨。

文学史上，这一时期的作品被称为建安风骨或 魏晋风骨。

魏晋时期的名士才高八斗，性格独特，具有别样的人格魅力。就文化而言，魏晋时期就像花园，价值多元、个性张扬、人才辈出，有道不完的剑胆琴心和名士风流。

魏晋名士的这种自如潇洒，赋予风骨二字别样的韵味。真正的风骨，从来就不是忸怩作态，不是看人下菜，而是自有一股风流，自有一股精神，活得从心所欲，潇洒肆意。

魏晋名士身上，最能体现出一种艺术精神，即“将生活艺术化、精致化、优雅化，追求自我的超越、灵魂的自由、人格的完美的一种审美式的精神状态。

魏晋士人的立身处世，无不彰显着对自然、自我和自由的不懈追求。比如魏晋时代的士人阮籍，他出身贫寒，少年丧父，由母亲一手带大。长大后，他又不被世人所接纳，空有满腹才华，却不被赏识。即便如此，他却没有被世俗的眼光所左右，而是活得无比真实而豁达。

三、造就风骨与时代精神的融合

只有把人生理想融入国家和民族的事业中，才能最终成就一番事业。希望你们珍惜韶华、奋发有为，勇做走在时代前面的奋进者、开拓者、奉献者，努力使自己成为祖国建设的有用之才、栋梁之材，为实现中国梦奉献智慧和力量。

魏晋南北朝以来，风骨一词被用来衡量文学艺术的格调和品位，意味着文章诗词中端直言辞和峻爽风格的完美融合和高度统一。文重风骨，人更重风骨。后世往往用风骨来评价一个人的品格和修养，用风骨来衡量一个人的德行和操守，于是风骨就成为一种高迈而超拔的人格境界。

从文化社会学角度看，风骨作为中国传统文化的一种承载和具象，表现在人的志向取舍和行为选择上，常常与作为重要道德标准的气节在逻辑上相提并论。尽管气节指的是个人精神生活方面的价值取向，但作为一种操守标尺和价值标签，风骨和气节在中国人精神文化中均代表着正向维度，在中国人的价值体系中均代表高尚的品格。

鲁迅先生说：“我们从古以来，就有埋头苦干的人，有拼命硬干的人，有为民请命的人，有舍身求法的人……虽是等于为帝王将相作家谱的所谓‘正史’，也往往掩不住他们的光耀，这就是中国的脊梁。”翻阅典籍、检索史书，不难发现在危难之际高昂头颅、坚挺脖颈的人，往往深受中华优秀传统文化的滋养和熏陶，他们知晓救国济民的方略，富有理想追求和家国情怀，具有担当自觉和正义良知，是引领时代走势的先进群体，是推动社会进步的骨干力量。他们有强大的文化内省力，修身不息、中正自持，志昂意坚、报国济民，以风骨和气节抵御功名和欲望的诱惑，以风骨和气节厘清高尚和卑下的边界。

几千年来，中华民族历尽沧桑，饱经忧患，无论居庙堂之高，还是处江湖之远，当他们伫立于连绵起伏的群山之巅俯视社稷、凝眸苍生时，眼神里闪烁的是孔孟的忠善仁爱、老庄的达观超然和佛教的慈爱悲悯，这深邃而温情的目光，恰恰体现了中国人难以销蚀的风骨和永不褪色的气节：天下与自身兼济，政治抱负与自然生命同置，家国情怀与个人追求并存。

风骨和气节是历史的积淀和文化的结晶，具有强烈的时代性和传承性。中国几乎所有有关风骨与气节的典型事迹，既见诸于典册史籍，又流传于民间，这绝非偶然的历史现象，而是社会进步的必然结果。它表明风骨和气节无时不有、无处不在，不因时空变迁而减弱消亡。可以说，无论是动荡纷乱年代的叱咤风云，还是繁盛勃兴时期的埋头苦干，都离不开风骨与气节的支撑。

今天的中国已经和平发展七十多年。在和平环境与安逸氛围里，人们容易追求物质享受，与忧患和危殆紧密相连的风骨和气节则很少被提及和关注，人们失去了对风骨与气节应有的追寻和珍视。风雨多经人不老，关山初度路犹长。在建设习近平新时代中国特色社会主义的今天，那些碌碌无为甚至自甘堕落的人应该有所警醒和觉悟。全面建设社会主义现代化国家的伟大实践锻铸着风骨与气节，实现中华民族伟大复兴的宏图伟业磨砺着风骨与气节，严峻复杂的国际形势呼唤着风骨与气节。在情势变幻、挑战频繁、任务繁重的今天，风骨与气节能否返璞归真，忧患意识、奉献精神和使命担当能否传承?

在中华民族五千多年历史发展进程中，风骨与气节曾如日月高悬于朗朗乾坤，曾似江河万古奔流，不断书写和奏响中华文明瑰丽璀璨的华章和金曲。在建设习近平新时代中国特色社会主义的征程中，我们有理由相信，风骨与气节一定能激发出比以往任何时代更加无坚不摧的磅礴力量。